# 高职创新创业教育体系研究

吴 娜 著

北方文艺出版社
哈尔滨

**图书在版编目（CIP）数据**

高职创新创业教育体系研究 / 吴娜著. -- 哈尔滨 : 北方文艺出版社，2024.5

ISBN 978-7-5317-6243-0

Ⅰ. ①高… Ⅱ. ①吴… Ⅲ. ①高等职业教育—创造教育—研究 Ⅳ. ①G717.38

中国国家版本馆CIP数据核字(2024)第103963号

# 高职创新创业教育体系研究

GAOZHI CHUANGXIN CHUANGYE JIAOYU TIXI YANJIU

**作　　者**/吴　娜
**责任编辑**/富翔强　　**封面设计**/文　亮

**出版发行**/北方文艺出版社　　**邮　　编**/150008
**发行电话**/（0451）88825525　　**经　　销**/新华书店
**地　　址**/哈尔滨市南岗区宣庆小区 1 号楼　　**网　　址**/www.bfwy.com

**印　　刷**/廊坊市广阳区九洲印刷厂　　**开　　本**/880mm×1230mm　1/16
**字　　数**/200千字　　**印　　张**/11.5
**版　　次**/2024年5月第1版　　**印　　次**/2024年5月第1次印刷

**书　　号**/ISBN 978-7-5317-6243-0　　**定　　价**/76.00 元

# 前　言

创新是国家经济社会发展的动力。为了实施国家创新驱动发展战略，全国都在掀起“大众创业、万众创新”的热潮。教育如何应对这种热潮？教育需要深化改革，从小培养学生的创新思维和创新能力，高等学校更是创新创业的基地。

在大众创业、万众创新的“双创”洪流中，在高等教育日益大众化带来的大学生就业难的时代背景下，在创新驱动发展的国家战略背景下，在深化创新创业教育改革成为高等教育综合改革的重要抓手和有力推手的前提下，加强和改进大学生创业教育，培育大学生群体的创业精神、创业意识，培养大学生投身创业实践所必备的创业技能，成为高等学校和整个社会必须重视和着手的工作。

传统的教育方式和教学模式教学效率低，导致大学生创新意识薄弱，不能满足社会对人才创新能力的需求，所以对高职创新创业教育模式的改革已经是社会发展的必然趋势，培养大学生创新创业能力，不仅能推动国家经济发展，同时也是建设创新型国家的重要条件。

为了确保研究内容的丰富性和多样性，在写作过程中参考了大量理论与研究文献，在此向涉及的专家学者们表示衷心的感谢。限于笔者水平，加之时间仓促，本书难免存在一些不足，在此，恳请同行专家和读者朋友批评指正！

# 目　录

第一章　创新创业概述 ······ 1
第一节　创业、创新的含义及相互关系 ······ 1
第二节　社会主义核心价值观引领创新创业 ······ 10
第三节　大学生创新创业 ······ 12
第四节　创新创业对学生职业生涯发展的影响 ······ 15
第五节　当下创业的时代背景 ······ 19
第二章　高职创新创业教育现状研究 ······ 27
第一节　我国大学生创新创业教育发展现状 ······ 27
第二节　高职创业教育的基本策略 ······ 31
第三节　“互联网 +”背景下创新创业教育的机遇与挑战 ······ 43
第三章　高职大学生创新创业精神培养探究 ······ 47
第一节　大学生创业精神培育内涵及意义 ······ 47
第二节　当代大学生创业精神培育的历史发展 ······ 53
第三节　当代大学生创业精神培育存在的问题及原因 ······ 57
第四节　国外大学生创业精神培育经验及启示 ······ 61
第五节　当代大学生创业精神培育的优化策略 ······ 65
第四章　高职创新创业教育实践教学体系构建研究 ······ 76
第一节　高职创新创业教育实践教学体系建设现状 ······ 76
第二节　高职创新创业教育实践教学体系建设路径 ······ 83
第三节　“互联网 +”背景下创新创业教育支持体系构建 ······ 89

第五章 “互联网＋”背景下的高职创新创业教育模式 …… 102
第一节 互联网创业模式 …… 102
第二节 新时代的互联网思维 …… 108
第三节 跨境电商和创新创业 …… 116
第四节 淘宝网开店实践 …… 130
第六章 高职创新创业人才培养模式实践体系构建研究 …… 139
第一节 创新创业人才培养模式实践体系构建的必要性 …… 139
第二节 创新创业人才培养模式实践体系构建的原则 …… 141
第三节 创新创业人才培养模式实践路径 …… 143
第四节 创新创业人才培养模式实践基地和平台建设构建 …… 148
第七章 多元协同视角下的高职创新创业教育 …… 151
第一节 高职创新创业人才多元协同培养 …… 151
第二节 高职创新创业人才多元协同培养机制 …… 155
第三节 地方行业高职创新创业人才“多元协同”培养机制 …… 158
第四节 多元智能视角下专业教育与创新创业教育协同发展 …… 164
第五节 协同创新视角下高职创新创业项目 …… 172
参考文献 …… 177

# 第一章 创新创业概述

## 第一节 创业、创新的含义及相互关系

### 一、创业的定义

创业概念的提出是与经济发展密切相关的，创业是近几年的一个时髦词，它往往和高职学生的就业问题联系在一起。虽然创业一直备受关注，但对创业的界定还没有一个统一的认识，不同的学者从各自不同的视角提出了对创业的不同界定。

#### （一）语源学的理解

在中国传统文化中，“创业”一词最早出现是与“垂统”连用的。《孟子·梁惠王下》中有“君子创业垂统，为可继也”。意思是创立功业，传给后代子孙。这样的含义在古汉语中沿用了几千年。诸葛亮《出师表》曰：“先帝创业未半而中道崩殂。”汉代张衡《西京赋》曰：“高祖创业，继体承基。”清代昭梿《啸亭杂录·洛翰》有“高皇帝创业之初，有洛翰者，本刘姓，中原人”。中国古代用“创业”一词，多有开拓疆土、创建功业的意思，带有封建君主建功立业的色彩。进入近现代，“创业”的含义在古汉语的基础上有了全新的发展。在现代社会中，“创业”被普遍用于描述开创某种事业的活动，与保持前人已有成就和业绩的“守业”是相对的。《辞海》中对“创业”的界定是创立基业、事业，指开拓、创立个人、集体、国家和社会的各项事业及所取得的成就。创业的主体已从古代的君主转变为平凡老百姓了，创业的内容也从开拓疆土、创建功业转变为一切能够创造新事物、新价值的活动。从“创业”这个概念在汉语使用中所表达的意思分析，“创业”一般强调三层含义：（1）强调创业开

端的艰辛和困难；（2）突出创业过程的开拓和创新意义；（3）侧重于在前人的基础上有新的成就和贡献。

创业的英文有两种：一是动词 venture，二是名词 entrepreneurship。动词 venture 侧重表现“创业”的行为活动。在现代企业领域，往往使用动词 venture 来表示“创业”增长的态势。名词 entrepreneurship 经常与 enterprise 互换使用，往往表示静态的创业状态或创业活动，是从企业家、创业家的角度理解创业的。

### （二）中西方学者的解释

从总体上说，国外对“创业”概念的研究要比国内早。作为经济活动的“创业”在欧美国家已有几百年的发展历史，“创业”的概念在国外商业领域也已经使用了两百多年。然而国外的专家、学者对“创业”这一概念也没有达成统一的具有权威的认识。最早对“创业”一词进行界定的是 18 世纪的经济学家理查德·康蒂隆，他认为“创业隐含了承担以确定价格买进而以不确定价格卖出的风险”。此后，国外的学者从未停止对“创业”内涵的研究，“创业”的概念也在不断地演变和发展。

1934 年，经济学家约瑟夫·熊彼特首次将“创业”的概念与“创新”联系起来，认为创业的本质是创新，创业的过程就是创新的过程，创业者通过创新克服自由市场经济的内在矛盾，从而促进经济的增长。

1989 年，哈佛大学教授霍华德·斯蒂文森把创业定义为“不拘泥于当前资源条件的限制下对机会的追寻，将不同的资源组合以利用和开发机会并创造价值的过程”。在精神层面，创业代表着一种“以创新为基础的做事与思考方式”，这是个人及企业在日益复杂和不确定的世界中生存的最佳武器；在实质层面，创业代表了“发掘机会，组织资源建立新企业或开展新事业，进而提供新的市场价值”。与创新相比，创业更强调机会、顾客和价值创造。

1999 年，杰弗里·蒂蒙斯提出：“创业是一种思考、推理和行为方式，这种行为方式是机会驱动、注重方法和与领导相平衡。创业导致价值的产生、增加、实现和更新，不只是为所有者，也为所有的参与者和利益相关者。”

此外，1999 年美国巴布森商学院和英国伦敦商学院联合发起，多国研究者参与的“全球创业检测”项目将“创业”界定为“依靠个人、团队或一个现有企业来建立一个新企业的过程，如自我创业、一个新的业务组织或一个现有企业的扩张”。

在 20 世纪 80 年代改革开放之后，“创业”一词在我国真正得到广泛应用。市场经济体制逐渐取代计划经济体制，商品经济快速发展为老百姓提供了许多发财致富的“创业之路”。创业作为一种新兴的经济活动吸引了众多专家、学者的眼球，成为他们研究的对象。目前对创业的定义大致可以归纳为三种不同的类型，即价值说、功利说和实体说。三者的差异表现在对创业实质的理解上，即分别认为创业是“创造价值”“创造财富或利润”“创建企业”。

### （三）本书的界定

我们发现，无论是国外专家还是国内学者，由于研究创业行为的视角不同，得出的研究结论也不同。创业是一个横跨经济学、社会学、管理学、人类学、心理学等多个学科的复杂现象。尽管制定一套明确的、广为接受的定义非常困难，但进行尝试还是很有必要的。在总结、借鉴前人研究成果的基础上，我们结合国内实际，从广义和狭义两个角度对创业进行界定。广义的创业是指人类创造新的事业、基业的活动，包括一切具有开拓意义的社会变革行为。狭义的创业将创业界定为一个过程，在此过程中，创业者（包括个人或团队）作为主体，利用一切外界资源和力量去寻求机遇，通过创办企业去创造价值并谋求发展。本书中的“创业”主要指狭义的创业。

## 二、创新的含义

我们的学习、工作和生活中充满了不确定性，唯有不懈追求才是实现创新的根本保证。很多人认为创新是一件“高大上”的事情，似乎离我们普通人很远。然而，纵观历史长河，我们发现创新人人可为，关键在于对认识事物发展规律的执着追求，在于正确掌握并使用批判思维，不断反思。

创意对创新具有始动功能，没有创意，创新就不可能存在。创意可以证明每一个人都具有创造力，由此也破除了对创新的神秘感。我们说，创意是思维过程，创造是把这种设想物化为有形的新产品，创业是利用新产品创建一个新事业，因此无论是创意、创造还是创业，整个过程都是创新。

### （一）创新的由来

1912 年，经济学家约瑟夫·熊彼特在他的德文著作《经济发展理论》中首次提出了创新的概念。他认为，创新就是把生产要素和生产条件的新组合引入生产体系，即“建立一种新的生产函数”，其目的是获取潜在的利润。他的理论一开始并没有引起足够的重视，直到 1934 年他的作品用英文出版后，才引起了学界的广泛关注。20 世纪 90 年代，我国把“创新”一词引入了科技界，形成了“知识创新”“科技创新”等各种提法，进而扩展到社会生活的各个领域，如今创新的说法几乎无处不在。

### （二）创新的概念

“创新”的英文是 innovation，起源于拉丁语 innovare，释义为“更新、变革、制造新事物”。《现代汉语词典》中对“创新”的解释是“抛开旧的，创造新的”。

创新的含义是：以现有的思维模式提出有别于常规或常人思路的见解为导向，利用现有的知识和物质，在特定的环境中，本着理想化需要或为满足社会需求，进而改造或发明，并能获得一定有益效果的行为。创新是以新思维、新发明和新描述为特征的一种概念化过程。创新是人类特有的认识能力和实践能力，是人类主观能动性的高级表现形式，是推动民族进步和社会发展的不竭动力。

创新的社会学解释是：人们为了发展需要，运用已知的信息和条件，突破常规，发现或产生某种新颖、独特、有价值的新事物、新思想的活动。创新的本质是突破，即突破旧的思维定式、旧的常规戒律。创新活动的核心是“新”，它或者是产品的结构、性能和外部特征的变革，或者是造型设计、内容表现形式和手段的创造，或者是内容的丰富和完善。

在我国研究与实践领域，凡属突破传统，具有开拓性的思想、行为、成果等都称为创新，即广义的创新概念，也是国内比较倡导的一个概念。它涉及理论创新、观念创新、科技创新、体制创新、制度创新、管理创新、市场创新、文化创新、教育创新等几乎所有领域。

我们可以这样理解：创新一定是人们能动地进行的首创性活动，是破旧立新、与时俱进，是一种新的价值的实现或者是新思想、新概念在实际生活中的成功运用，也可以是形成新思想、新观念和新理论的过程，更可以是一种精神境界。

### （三）创新的特点

创新作为一种活动，既是一个过程，也是一种境界，具有以下特点：

1. 首创性

首创性即“第一次”，是历史上从未有过的，是“无中生有”或者是“有中生新”。新的变动、新的组合、新的改进等，都是创新。这种创新可以是完全的“新”，也可以是部分的“新”，只要对旧事物有所突破、有所超越、有所改进，与别人的有所不同，就是创新。

2. 时效性

创新作为一种活动，在思想、理论、技术形成或产品投放市场后，经过一定时间会被更新的东西所替代，这种替代使得创新具有时效性。正因为这种时效性，我们在开展探究性教学或者进行科学研究时，就必须弄清项目所处的时期，并需对发展的前景进行预测。

3. 成果性

成果性是指创新必须以新的成果体现，不管是物质的还是精神的、器物的还是制度的。当然，创新过程中会有失败，但失败不是创新，只是创新的一个阶段、一个环节，是不可避免的阶段。

4. 价值性

创新的价值性体现为创新成果产生的社会效益或经济效益，其价值标准是社会性的，以不损害社会利益为前提。那些损害社会利益的活动，即便是首创，也绝不是创新。如搞新的迷信活动、发明新的计算机病毒等，都不是创新。

5. 综合性

从创新活动过程来看，创新是许多人共同努力的结果，即多人投入产出活动。它既需要科技人员的理论知识和技术，又需要生产者和管理者的共同联合、协作，这样创新才能达到预期的目的。因此，创新是一项综合性的活动。

### （四）创新的分类

创新活动是丰富多彩的。人类不可能永远墨守成规，必然会发展、变化，会开拓创新；在不同范围、不同领域的创新活动也就必然是多姿多彩的，创新就自然形成了不同类型。为了全面地把握各种创新的性质特征以及它们之间的区别与联系，就必须对创新进行分类研究。根据不同的标准，创新可从以下方面进行分类：

1. 根据创新成果的首创性划分

这是最常见的创新划分方法。这种分类法将创新分为原始创新、集成创新与引进、消化吸收再创新三大类型。原始创新是重大技术领域从无到有的开拓，其本质属性是原创性和第一性。集成创新是指创新过程中应用到的所有单项技术都不是原创的，其创新之处在于对这些已经存在的单项技术按照自己的需要进行系统集成，并创造出全新的产品或工艺。引进、消化吸收再创新是最常见、最基本的创新形式，是产品价值链某个或者某些重要环节的重大创新。

2. 根据创新成果在世界范围内的影响划分

根据创新成果在世界范围内的影响，可将创新分为绝对创新与相对创新。绝对创新是在全世界范围内实现首创的创新。相对创新是不考虑其成果是否是全世界范围内实现首创的创新。

3. 根据创新成果的自主知识产权划分

根据创新的成果是否有自主知识产权，创新可分为自主创新与模仿创新。自主创新就是自己创造出来的有自主知识产权的创新。模仿创新是指通过模仿先前创新者的创新构想、创新行为和创新成果而做出的创新。

4. 根据创新活动的领域划分

根据创新活动的领域，创新可分为科技创新、制度创新、文化创新、教育创新、理论创新与营销创新等。

## 三、创新与创业的关系

### （一）创新是创业的原动力

创新理论的奠基人熊彼特认为，所谓“创新”，就是“建立一种新的生产函数”。也就是说，把一种从来没有过的关于生产要素和生产条件的“新组合”引入生产体系。

现代管理大师彼得·德鲁克认为，创新是赋予资源以新的创造财富的能力的行为，是系统地抛弃昨天，在市场薄弱的地方、在新知识萌芽的时期、在市场的需求和短缺中寻找新机会。诺贝尔经济学奖获得者埃德蒙·费尔普斯指出，创新就是大众参与的“草根创新”，它是国内“土生土长”的，一个经济体创新的意愿和能力，是来自经济体的内部而不是外部。如果新产品没有市场意义，未能在经济层面取得成功，那只能算是发明，而不是创新。

从概念上讲，创新是以新思维、新发明和新描述为特征的一种概念化过程。它有三层含义：①更新；②创造新的东西；③改变。创新是人类特有的认识能力和实践能力，也是一个人快速成长的推动力。从认识的角度来说，创新就是更有宽度、更有深度地观察和思考这个世界；从实践的角度说，创新就是能将这种认识作为一种日常习惯融入日常的学习工作中，做到每时每刻都在创新，所以创新是无限的，也是无止境的。

创新在经济、社会、科学等的研究中有着举足轻重的地位。而在我们的创业中，创新同样有着举足轻重的地位，许多公司把创新能力作为考察员工能力的一个重要方面。在创业的道路上，创新可以为我们的发展做更好的铺垫，使我们前进的道路更加简单、更加方便。创新是一个民族进步的灵魂，无论到什么时候，都是优胜劣汰，一个人和一个国家想在这个社会上拥有强者的地位，就必须不断创新。总体而言，狭义的创新，就是把技术和经济结合起来，涉及从新思想产生到产品设计、生产、营销和市场化等一系列行动；广义的创新力求将科学、技术、教育等与经济融合起来，不仅要生产思想，还要利用别人生产的思想，表现为不同参与者和机构（包括企业、政府、学校、科研机构等）之间交互作用的网络，任何一个网络节点都可能成为创新行为实现的特定空间。

不是所有的创新活动都能够成功。创新的道路和过程是艰难的，不可能一蹴而就，更不会一帆风顺，那么我们在生活中要如何开拓创新呢？首先，要敢于标新立异，不能墨守成规，我们要有开放的思想，要有快速发现问题的能力，在工作或学习中多多思考，凡事不能浅尝辄止；其次，还要有敢于提出问题的勇气，要大胆设想，敢想敢做，但不是鲁莽地去做，一定要建立在经过仔细思考的基础上，从而做到理性创新。

创新过程中最可贵的精神是不轻易说“不”。要相信自己，不怕失败。失败与成功，失去与得到，总是相对的。有付出，才有收获。在创新的过程中，一时的失败是常有的。面对失败，既不应退缩，更不能放弃。屡遭挫折，只要不屈不挠，坚持不懈，总能走向胜利。真正的失败往往是一次失败之后便失去了自己的志向，失去了斗志，从此一蹶不振。成功往往来自从失败中奋起，在失败中找经验，从而在失败中前进。

### （二）创业是创新的载体

创业是一个跨学科、多层面的复杂现象，这一特点使得这一领域既引人注目又显得复杂，不同学科从其特定的研究视角，运用本领域的概念和术语对其进行观察和研究，这些学科包括经济学、管理学、心理学、社会学、人类学等，但对“创业”的定义学术界迄今尚未达成共识。

通常意义上，创业是人类社会生活中一项最能体现人主观能动性的社会实践活动。它是一种劳动方式，是一种需要创业者组织、运用服务、技术、器物作业的思考、推理、判断的行为。创业有广义和狭义之分。广义的创业是指生活在各个领域的人们为开创新的事业所从事的社会实践活动，其突出强调的是人们在社会实践中所体现的一种特定的精神、能力和行为方式。狭义的创业是一个经济学的范畴，是指主体以创造价值和就业机会为目的，通过组建一定的企业组织形式，为社会提供服务从而获取利益的行为。

创业在不同人中有不同的原因，但主要有三种：①一些自我意识很强的人，想通过自主创业来证明自己的能力，从而实现自我价值，得到社会的认可；②选择创业的人都认为自我空间很重要，他们通过自主创业，以实现自己的人生价值；③部分选择自主创业的人认为自己的事业做起来会更有激情、更投入、更有干劲。

### （三）创新与创业相辅相成

创业与创新是两个不同的领域，将二者放在一起强调，是因为二者是一对“孪生兄弟”，关系密切。创业是创新的载体，创新是创业的动力。从创业和经济学的角度来看，创新的目的是支持企业生产出消费者愿意购买的商品。因此，创新离开了创业这个载体，就是闭门造车，其成果将被束之高阁。在我国，一直广受诟病的科研脱离实际、产学研脱节的现象，就是科研技术创新不能以创业作为载体的佐证，而在创业的过程中，企业不思进取，不锐意创新，最终也会被市场和消费者抛弃，以至于破产关门。

企业因不创新而失败的例子比比皆是，曾经风光无限的手机巨头摩托罗拉、诺基亚、爱立信在苹果和三星智能手机创新大潮的冲击下逐渐淡出了人们的视野。相机胶卷巨头柯达也在数码相机的冲击下走下神坛，走向没落。

因此，创业是创新的载体，创新是创业的动力。正是基于此，国务院《关于大力推进大众创业万众创新若干政策措施的意见》中特别强调“双创”的意义在于“支持各类市场主体不断开办新企业、开发新产品、开拓新市场，培育新兴产业”，形成小企业“铺天盖地”、大企业“顶天立地”的发展格局，实现创新驱动发展，打造新引擎，形成新动力。同时强调“推进大众创业、万众创新，是扩大就业、实现富民之道的根本举措”。可见，“双创”促进更多的人创业，兴办更多的企业，并创造更多的就业机会。而创业的动力则是创新，通过“双创”共同发力，形成经济发展的新动能。

创业是创办企业，为市场上的消费者生产产品或提供服务，创业者只有从消费者的需求出发，生产或提供满足消费者需要的产品或服务，才能生存并发展下去。换句话说，创业能否满足消费者的需求，取决于产品是否有用、是否好用、是否价格合理、是否新颖、是否与众不同、是否方便购买等。为此，创业者只有在产品功能、产品质量、产品成本、产品设计、生产工艺、生产流程、销售方式等方面不断适应消费者的需求变化，不断创新，才能立于不败之地。因此，创业者必须创新，以创新推动企业的发展。

创新对创业者来说，不是科技发明，而是技术应用创新，是开发新的产品，采用新的生产方法和新的工艺流程，构建新的组织形式，采取新的营销模式，以便适应消费者追求新产品、个性化产品、高性价比产品、便利购买产品的诉求。新产品的开发可以满足消费者变化的需求，消除审美疲劳；个性化产品的生产，可以满足消费者追求与众不同的差异化需求；高性价比的产品可以使广大消费者以合理的价格买到质量稳定的产品；便利购买的产品可以使消费者方便获得产品，节约时间和成本。

创业和创新不能截然分开，要组合在一起同时开展，二者有主次，不能偏废。创业是创新的载体，没有创业，再好的创新也找不到存在的可能。而创新是创业的动力，只创业不创新也就成了没有生命力的病体，最终会消亡。

创业不等于创新，创新也不等于创业，两者有明确的研究边界，但并非相互独立，而是有着不可分割的内在联系。简单地讲，首先，创新是建立一种新的生产函数，是引进生产要素的“新组合”；而创业则是这种“新组合”的市场化或产业化实现的过程。其次，创业的关键在于创新，创新是创业的源泉，持续创新必然推动和成就创业成果的商品化、市场化，因而创业使得创新的经济价值、社会价值得以实现。最后，创业与创新正呈现出越来越显著的融合趋势，这种融合是一个动态整合、集成的过程，并非只发生在新企业启动或创建阶段，而是贯穿创业和成长的整个过程，在这一过程中，创新精神、创业能力和市场意识始终是创业成功和持续成长的内在动力。

## 第二节 社会主义核心价值观引领创新创业

党的十八大提出："倡导富强、民主、文明、和谐，倡导自由、平等、公正、法治，倡导爱国、敬业、诚信、友善，积极培育和践行社会主义核心价值观。"在社会主义核心价值观的引领下开展创新创业教育，以培养具有爱国、敬业、诚信、友善优良品格的大学生创业者，不断增强他们的创新精神和创业能力，正是践行社会主义核心价值观的体现。

### 一、社会主义核心价值观为创新创业明确了方向

当下，大学生自主创业成了解决就业的良好途径，然而我国大学生自主创业的实际人数占大学生总数的比例不高。大学生在实际创业过程中热情高，实践少。由于缺乏经验和创新力，大学生自主创业的科技含量不高，成功率低；在实践过程中不够注重合作和协商，很难保持创业企业的持久性；在经营过程中风险意识不够，对行业、企业的发展做不到深度审视，遇到挫折容易退缩，甚至出现了违背商业信用的行为。培育和践行社会主义核心价值观为科学推进大学生创新创业指明了方向。

首先，通过社会主义核心价值观的教育，使大学生在创业过程中充分理解自由、平等、公正、法治等体现时代价值的目标和追求，自觉提高思想"免疫力"，始终不渝地坚持和弘扬这些价值追求，"咬定青山不放松"地去奋斗。

其次，通过社会主义核心价值观的教育，使大学生在创新创业实践中充分理解历史传统与时代发展的高度统一性，增强文化自信和自觉，在内核上、精髓上和本质上传承中华优秀传统文化，传承社会主义先进文化，培养良好的道德品质。

最后，通过社会主义核心价值观的教育，使大学生在创新创业实践中增强毅力，遇到挫折不气馁，努力做有社会责任感、有爱心的好青年，在艰苦奋斗中实现自我发展。

## 二、用社会主义核心价值观的基本内容引领创新创业

### （一）从国家层面引领创新创业

社会主义核心价值观的第一个层面是国家的层面。“富强、民主、文明、和谐”对其他层次的价值理念具有统领作用。富强是国家繁荣昌盛、人民幸福安康的物质基础，民主是人民当家作主，文明是面向现代化、面向世界、面向未来的民族的科学的大众的社会主义文化，和谐是社会主义现代化国家在社会建设领域的价值诉求。大学生践行社会主义核心价值观，在创新创业中不仅实现自己的个人理想，还应为国家的发展做出贡献。

我国已成为具有全球影响力的科技大国，2017 年，我国重大创新成果竞相涌现，发明专利申请量和授权量居世界第一位，国际科技论文被引量首次超越德国、英国，跃居世界第二，墨子“传信”、神舟飞天、高铁奔驰、“天眼”探空、北斗组网、超算“发威”……无数经验教训告诉我们，核心技术是买不来的，只有自力更生、自主创新，才能掌握自己的命运。建设世界科技强国，是以习近平同志为核心的党中央在新的历史起点、面向未来做出的重大战略决策，这一决策与中国梦的目标高度契合，使科技创新与中华民族伟大复兴紧密相连，是中华民族为之不懈奋斗的光荣与梦想，也让更多的民众参与到创新创业的过程中。

### （二）从社会层面引领创新创业

“自由、平等、公正、法治”是从社会层面对社会主义核心价值观基本理念的凝练。自由是马克思主义追求的社会价值目标，平等是人人依法享有平等参与、平等发展的权利，公正即社会公平和正义，法治是实现自由平等、公平正义的制度保证。

大学生在创新创业实践中接触较多的是社会层面，在社会这个大平台中获得了创新创业的机会，因此，大学生践行社会主义核心价值观，在创新创业中要自觉用法律法规约束自己，公平参与市场竞争，遇到问题时用法律武器维护自己的合法权益。

### （三）从个人行为层面引领创新创业

“爱国、敬业、诚信、友善”是公民基本道德规范，覆盖社会道德生活的

各个领域。爱国是调节个人与祖国关系的行为准则；敬业体现了社会主义职业精神；诚信即诚实守信；友善强调公民之间应互相尊重、互相关心、互相帮助、和睦友好，努力形成社会主义的新型人际关系。

大学生践行社会主义核心价值观，在创新创业中应切实维护国家的利益，把个人奋斗融入实现中国梦的进程中，诚恳待人、诚实劳动、关心他人。只有这样，创新创业之路才能走得好，走得远。

近年来，从国家到地方各级政府多层面地推出了各种各样的政策和措施鼓励青年人创新创业。形式多样的新型孵化器、创业空间、天使基金等如雨后春笋般涌现，为青年创业者们提供了良好的平台和创业的机遇。青年人应在各自领域开创新事业，积极创办科技型和服务型小微企业，要自觉地把人生追求汇入中华民族伟大复兴的中国梦中，在参与创新型国家建设实践的同时实现自己的个人理想。

社会主义核心价值观和创新创业教育相互联系、相互促进。只有培育和践行好社会主义核心价值观，才有利于提升创新意识和创业能力。被国外青年和央视评为中国的“新四大发明”之一的共享单车正是利用“自行车出行+移动互联网技术”的创新模式减少了城市资源浪费，为城市减少拥堵，帮助城市节约更多空间，促进绿色低碳出行做出了贡献。

## 第三节　大学生创新创业

### 一、大学生创新创业的意义

创新是一个民族进步的灵魂，是国家兴旺发达的不竭动力；当今世界的综合国力竞争，归根结底是科技实力和高素质人才的竞争。

#### （一）有助于培养大学生的创新精神和创新能力，推动创新型国家建设

在“大众创业、万众创新”背景下，大学生群体作为整个社会最具活力和创造力的高素质人力资源，代表着国家的未来和经济社会发展的不竭动力，培养大学生创新创业能力是建设创新型国家和落实“科教兴国”战略的需要。一

个拥有创新能力和大量高素质人才资源的国家，将具备发展知识经济的巨大潜力。大力培养大学生创新创业能力，可以为社会输送一大批具有创新思维的新青年，能有效地维持和推动国家创新体系的建立，符合我国“科教兴国”和建设创新型国家的发展战略。

### （二）有助于提高大学生的综合素质、竞争意识和生存能力

在全球化条件下，我国人力资源市场竞争日益激烈。企业招聘大学生，既要看毕业学校，还要看大学生实践经验，而实践能力水平的高低成为用人单位选贤任能的重要标准之一。大学生可以通过自主创业这一平台提高他们的实践能力，积累更多实践的经验及社会经验，提前为毕业后进入好公司打好基础。通过专业知识与创业实践相结合，提升大学生的创业能力，对提高大学生综合素质和高等教育整体水平而言，无疑是最为经济的途径之一。大学毕业生通过自主创业，可以把自己的兴趣与职业紧密结合，做自己最感兴趣、最愿意做和自己认为最值得做的事情。在五彩缤纷的社会舞台中大显身手，最大限度地发挥自己的才能。

### （三）有助于缓解就业压力

对各地大学生创业状况的调查显示，一人创业平均可创造 5 ~ 10 个就业岗位。一方面，有助于缓解社会就业压力；另一方面，大学生创办企业大多属于服务业。调查显示，大学生创业所处行业依次为零售、餐饮、批发、文化、体育和娱乐、制造业、农林牧渔、软件和信息技术等 23 个行业。显然，鼓励大学生创新创业，不仅能有效地把就业压力转化为创业动力，还有助于产业结构优化。

## 二、大学生创新创业的优势与劣势

大学生处在职业选择和事业起步的关键期，既有创业的优势——系统的专业知识和技能。思维灵活。创新意识强，又有明显的不足——社会阅历欠缺。人际交往面窄。适应性弱等。因此，大学生创业较之其他群体有其特殊性。

### （一）大学生创新创业优势

“年轻”是大学生突出的创业优势，大学生有活力，对认准的事情会义无反顾地去尝试；大学生具有较高层次的知识，具有较高的文化水平及技术力量，

能够为创业提供技术支撑。知识资源成了大学生创业的最大优势；大学生思维活跃，善于创新；思路清晰，创意新颖，能将所学的知识很快内化为本领，外化为发明；为了促进大学生创新创业，各地政府专门为大学生制定了相关的优惠政策。

### （二）大学生创新创业劣势

大学生缺乏经验，缺乏系统化的知识结构，尤其缺乏人脉关系和商业网络；大学生创业启动资金有限，起步困难；政府各种扶持政策具体落实困难；目前我国大学生创业大多属于低水平、同质化创业，缺少创新性技术和原创性项目支撑，产品缺少竞争力。

## 三、大学生创业应具备的条件

中国人民大学公布的《2017 大学生创业报告》显示，我国近 90% 的大学生对创业有不同程度的意愿，在校大学生中，26% 的大学生有强烈或较强的创业意愿，3.8% 的大学生表示一定会去创业，46.3% 的大学生认为创业是开创一份新事业。

### （一）创业经验

首先，大学生创业普遍缺少的因素就是工作经验，这个在大学生创业过程中其实是非常重要的因素，但是大学生长期在校园里，对社会缺乏了解，特别是在市场开拓、企业运营上，很容易陷入眼高手低、纸上谈兵的误区。因此，大学生创业前要做好充分的准备，一方面，去企业打工或实习以积累相关的管理和营销经验；另一方面，积极参加创业培训，积累创业知识，接受专业指导，提高创业成功率。

### （二）启动资金

大学生刚刚毕业踏上社会，往往没有太多的财富积累，所以大学生创业资金是个大问题。一项调查显示，有四成大学生认为“资金是创业的最大困难”。的确，巧妇难为无米之炊，没有资金，再好的创意也难以转化为现实的生产力。因此，资金是大学生创业要翻越的一座山，大学生要开拓思路，多渠道融资，除了银行贷款、自筹资金、民间借贷等传统途径外，还可充分利用风险投资、天使投资、创业基金等融资渠道。

### （三）核心技术

不论是从事哪方面的创业，拥有过硬的技术都是成功的先决条件。用智力换资本，这是大学生创业的特色之路。一些风险投资家往往就是因为看中大学生所掌握的先进技术，而愿意对其创业计划进行资助。因此，打算在高科技领域创业的大学生，一定要注意技术创新，开发具有自己独立知识产权的产品，吸引投资商。

### （四）创业能力

大学生由于长期接受应试教育，不熟悉经营“游戏规则”，技术上出类拔萃，理财、营销、沟通、管理方面的能力普遍不足。要想创业获得成功，创业者必须技术、经营两手抓。建议可从合伙创业、家庭创业或低成本的虚拟店铺开始，锻炼创业能力。

以上四个方面对大学生创业来说是应具备的条件，而具备了这些条件后，大学生的创业也充满了不确定性，大学生需要审时度势，不断提高自己的创新创业能力。

## 第四节　创新创业对学生职业生涯发展的影响

创新创业教育强调全面开发人的潜能，培养学生创新性思维方式，培养学生的专业技术、社会交际和经营管理等多方面技能，通过树立正确的世界观、人生观、价值观，规划自己的职业生涯，获得人生的成功。创新创业教育始终坚持以人为本、坚持面向全体，弘扬人的主体性和自由个性，帮助学生学会处理好个人、集体、社会三者之间的关系，提供一个可以自由翱翔和设计的空间，通过完善自身的技能，不断提高自己的创造力，为未来职业工作打下良好的基础。通过努力成功创业，可以升华自己的人格，实现自己的理想，证明自己的价值。创新创业教育既能培养学生健全的人格，又能拓展学生的知识和能力，从而提高学生素质，促进学生的全面发展。

## 一、创新创业教育与职业生涯规划的关系

### （一）职业生涯规划

职业生涯规划是一个人在对职业生涯的主客观条件进行测定、分析、总结研究的基础上，对自己的兴趣、爱好、能力、特长、经历以及不足等各方面进行综合分析与权衡，并结合时代特点，根据自己的职业倾向，确定最佳的职业奋斗目标，并为实现这一目标做出行之有效的安排。

对大学生而言，职业选择是否适当将影响其将来事业的成败以及一生的幸福；对社会而言，个人择业是否适当将决定社会人力供需是否平衡。如果每个人都适才适所，那么不仅每个人都有发展前途，而且社会也会欣欣向荣。

### （二）创新创业能力与职业生涯发展

创新创业首先是一种精神，一种不满足于现状、敢于创新并承担风险的精神，是一种在考虑资源约束的情况下把握机会创造价值的认识。从广义的角度去看创新创业，可以理解为是一个人根据自己的性格、兴趣、专业、能力等选择适合自己的事业，利用自己的创新性思维，把握机会、创新创造、整合资源、付诸努力，最终实现自己人生目标的过程。因此，创新创业能力具有普遍性和适应性，无论你从事什么样的行业或职业，创新精神和创业能力都将在职业生涯中发挥积极作用。

近年来，随着我国大学毕业生人数增加，就业问题成为全社会关注的焦点，学生、家长、学校和社会都需要保持清醒的头脑，正确认识和处理就业问题。为了让大学生都能够顺利走上工作岗位，党和政府除了制定“创业带动就业”的方针外，还出台了一系列支持和鼓励创新创业的政策措施。创新创业教育成为缓解当前就业问题成效较明显的重要内容，越来越受到重视。在创新创业教育的指导和服务下，部分大学生将会成为自主创业者。这不仅可以解决自己的就业问题，还可以为社会其他人员提供更多的就业岗位，这对缓解我国大学生就业压力具有非常重要的现实意义。

作为一个全面发展的大学生，对创新创业的认知和践行是体现大学生综合素质的重要内容，是大学生全面发展，融入社会，正确评估自己，给自己合理定位，实现自我价值的基本要求。鼓励学生开拓创新的创业意识，使有开发潜力的学生真正走上创新创业的道路，也是他们能够很快融入社会、服务社会的

前提。大学生是最具有创新创业潜力的群体，不仅是现有职位的占有者，更是未来职业的创造者。通过创新创业教育传授，提高大学生适应社会生存、经济竞争的能力，学到自主择业、自谋职业的方法和途径，提高他们的创新精神和创业能力，使大学生成为高素质创新型人才，在现代化建设大业中施展才干，无疑是大学生实现自我价值的捷径。

## 二、大学生创业规划

创业已成为大学毕业生流向社会的一种全新的就业方式。对一个立志创业的大学生来说，职业生涯规划与其创业规划在一定程度上是同一样东西。要制订一份好的创业规划，可以参考以下“四部曲”：

### （一）了解你自己

有效的创业规划必须在充分且正确地认识自身的条件与相关环境的基础上进行。对自我及环境的了解越透彻，越能做好规划。因为创业规划的目的不只是协助创业者实现个人目标，更重要的是帮助其真正了解自己。

### （二）明确创业目标

创业者要善于观察和发现新的商机，用创新思维来设计自己的创业思路，站在其他创业者的经验和教训之上，确立自己的目标。

高尔基说：“一个人追求的目标越高，他的才能就发展得越快，对社会就越有益。”如果创业者自己都不知道要到哪儿去，那通常哪儿也去不了。但是一个人在明确自己想做什么、能做什么的同时，还应考虑社会的需求是什么这一重要因素。如果一个人所选择的创业领域既符合自己的兴趣，又与自己的能力相一致，却不符合社会的需求，那么，这种创业的前景也会变得黯淡。由于分析社会需求及其发展态势并非一件易事，因此，在选择创业目标时，应该进行多方面的探索，以求得出客观而正确的判断。

### （三）制订行动计划

在确定了创业目标后，围绕创业目标的实现，需要制订具有针对性、明确性与可行性的行动计划，特别是要在大学期间和毕业后 3~5 年内制订详细的行动计划。

### （四）开始行动

一个人的创业规划不管多么好、多么严密，只要没有行动，就依然是一张废纸。立即行动，是实现目标和梦想的唯一途径。

总之，只有将自身因素和社会条件进行最大限度的契合，才能在现实中发挥优势、避开劣势，使创业规划更具有可操作性。

## 三、树立正确的创业观

如何树立正确的创业观，为自己铺就一条创业的平坦道路，对准备创业的大学生来说十分重要。

### （一）端正态度，正确看待创业

创业是市场经济条件下个体自我发展的需要。随着市场经济体制的逐步完善，市场观念深入人心，创业能够满足追求进取务实、协调并重的价值取向，能使学生通过自己的积极思考，确定自己的人生目标，最大限度地实现自己的人生价值，为社会做出应有的贡献。创业不排除个人利益、理想、事业三方面的追求，能够实现社会利益与个人利益兼顾。

在时代发展的大潮中，大学生创业的激情高涨，但是，创业更需要理智。拥有激情并不表示创业就能取得成果，创业需要回归理智，创业的激情只能作为创业初期的推动力，接下来还有一条漫长的道路，需要艰辛地付出。大学生应该理智地看到创业既有成功，也有失败，明白大学生创业的优势与劣势，学会处理创业过程中主观和客观之间的矛盾与冲突，运用辩证的方法，明辨是非曲直，纠正认识的误区，从思想上对创业有一个科学而现实的认识。

### （二）明确目标，制订创业规划

创业前，要弄清楚自己为什么要创业、如何去创业；要了解自己的个性特征，明确自己的创业动机；要树立正确的、符合社会要求的、远大的创业目标，创业者要有高瞻远瞩的视角，知道自己的终极目标在哪儿，通过哪些途径可以实现，目前处于哪一个阶段，以及正在面临哪些问题等。

除此之外，创业者在创业前还要科学、合理地进行创业规划。创业规划应包括项目选择、商业模式、营利模式确定等，这要以创业者对市场的充分调查为基础，体现出创业者的市场洞察力和创业的目的性。严谨的创业规划能够保证创业有一个良好的开端和正确的努力方向，有利于提高创业成功的概率。

### （三）转变观念，提高创业能力

一个成功的创业者绝不能因循守旧、墨守成规，应学会观察国内外市场的变化，用善于变革的精神去迎接创业的挑战。创业的过程是一个系统工程，它要求创业者在企业定位、战略策划、生产组织、团队组建、财务管理等领域有一定的知识积累。

创业能力能否提高是创业成败的决定因素。在校学生应充分利用大学校园提供的平台积极汲取各方面的知识，通过专业课学习、各种校园活动及社会实践活动不断扩大自己的视野；积极参加一些社团活动及志愿者活动，在活动中锻炼与人沟通、协作的能力，树立团队意识；增强自己学习的能力，在学习中培养创新的思维与发展的意识，通过日常学习中的不断积累逐渐增强创业的自信心。

创业过程中不仅要学习文化知识，还要在所从事的行业中积累相关经验，提高自己对行业特点、行业发展情况的深刻了解。大学生长期身处校园环境当中，需要积累社会经验，可以积极参加学校举办的创业大赛及创业实践活动，可以进入企业参加社会实践活动，了解社会、观察社会，不断提高自身的创业实践能力。

# 第五节　当下创业的时代背景

这是一个风云变幻的时代，改革是我们成长过程的主要基调。传统的社会关系、思想观念、道德伦理、价值体系开始瓦解，取而代之的是一个多元化的世界。所有的一切，无时无刻不在变化；所有的一切，都有可能被打破；而这一切，需要你我重新定义。

## 一、互联网与创业

### （一）世界经济步入大数据时代

自 2012 年开始，大数据及大数据时代等概念进入人们的生活，成为备受关注的经济话题。

所谓大数据时代，是指随着互联网的发展和云计算的产生，数据渗透到当今世界的每一个行业和业务职能领域，已经成为重要的生产要素，哈佛大学教授加里·金曾经说过，庞大的数据资源使不同的领域开始了量化进程，无论是学术界、商界还是政府机关，几乎所有领域都开始了这一进程。人们对海量数据的挖掘和应用，预示着新一波生产率增长和消费者盈余浪潮的到来。大数据时代带给创业哪些影响呢?

首先，数据挖掘和应用本身就成为创业的重要领域。如阿里巴巴集团在经营淘宝、天猫等网络交易平台，支持众多中小企业完成网上交易的过程中，也积累了大量消费者信息数据，对这些数据的挖掘成为重要的新型商业领域。为此，阿里巴巴集团于 2012 年 7 月宣布设立首席数据官，专职负责推进数据平台分享战略。

其次，重视商业数据的积累成为创业企业获得核心竞争优势的重要内容。由于数据成为重要的生产要素，现代经济的很多规律均体现在庞大的商业数据之中，如果不掌握这些数据，最终将难以获得核心技术知识，进而失去核心竞争力。如汽车行业，关于汽车设计的相关数据等凝聚在一定数字化平台上，如果一个汽车企业只进行汽车生产制造，而不做产品研发设计，就不可能聚集数字化平台数据，最终将锁定在制造领域。因此，未来国际创业环境中具有决定性作用的不是生产什么产品、提供什么样的服务，而是有关生产与服务的数据集聚在哪里。飞机、汽车等装备制造领域的开发试验工具系统、制药领域的化合物筛选设备及模型、网络交易系统等数据集聚载体，将成为当代创业国际环境中重要的创业平台。

### （二）互联网成为创业国际环境中最重要的物理支撑

在近 20 年的时间里，网络都应用于社会，进而对人类社会的生产及生活方式产生重大影响；特别是随着移动互联网的快速发展，网络化仍然在以飞快的速度向更多经济领域拓展，成为影响创业的重要因素。首先，网络在实体经济领域的拓展性应用，成为当今创业的重要领域。除了我们已经熟知的网络销售、网络书店等业务外，一些传统服务领域辅之以网络也实现了升级和发展，如上海寺冈有限公司借助互联网平台，从一个平台制造企业成功转型为一个云计算服务型企业。其次，网络技术本身的不断发展和升级，开辟了许多新的创业空间，如基于移动互联网的飞信、基于网络的小米宝盒等。最后，可以预测互联网特别是移动互联网将成为当代创业国际环境中重要的物理支撑；哪里网络发达，哪里就将成为创业最为肥沃的土壤，哪里就将孕育更多的企业。

## 二、知识经济与创业

如今的经济是世界经济一体化条件下的经济，是以知识决策为导向的经济，它促使我们对身边发生的一切事物进行重新审视与认识。知识经济形态是科学技术与经济运行日益密切结合的必然结果，是经济形态更人性化的表现。

### （一）知识经济的概念

知识经济就是以知识运营为经济增长方式、知识产业为龙头产业。知识经济成为新的经济形态的人类社会经济增长方式与经济发展模式。

知识经济，也被称作智能经济，指的是建立在知识和信息的生产、分配和使用基础上的经济。它是和农业经济、工业经济相对应的一个概念。

这里的以知识为基础，是相对于现行的“以物质为基础的经济”而言的。现行的工业经济和农业经济，虽然也需要用到知识，但是这些经济的增长主要取决于能源、原材料和劳动力，是以物质为基础的经济。

知识经济是以人类的知识，特别是科学技术知识累积到一定程度，以及知识在经济发展中发挥的作用增加到一定比重的历史产物，同时也是信息革命导致知识共享、能够高效地产生新知识的时代产物。

### （二）知识经济的特点

知识经济理论形成于20世纪80年代初。美国加州大学的教授保罗·罗默于1983年提出了“新经济增长理论”，他认为知识是一个重要的生产要素，可以提高投资的收益。该理论的提出标志着知识经济形成了初步的理论基础。知识经济作为一种新的经济形态，是对经历了两百余年发展的工业经济的超越与创新，具有一系列崭新的特点。

第一，知识经济是以新科技革命为依托的信息化经济。以往工业经济的发展和繁荣直接取决于资本、资源、硬件技术的数量、规模和增量，片面追求产品技术的极致和单一商品生产规模的最大化。而知识经济直接依赖于知识或有效信息的积累和利用，将知识作为追求发展的内在驱动力，强调产品的数字化、网络化和智能化。

第二，知识经济是以高科技人才为核心的人才经济。现代国际竞争是综合国力的竞争，其关键是科学技术特别是高科技领域的竞争，而其中起决定作用的核心因素是人才的竞争。近年来，国内外一些高科技企业，无论是美国著名的微软公司，还是中国驰名的阿里巴巴、腾讯、百度之所以能够异军突起，高科技优秀人才起了至关重要的作用。

第三，知识经济是一种创新经济。这种创新绝非传统工业技术的简单创新，而是建立在最高科技成果基础上的、在一系列新兴领域的开拓与创造。这些领域具体包括信息科学技术、新材料科学技术、空间科学技术、海洋科学技术、有益于环境的高新技术和管理科学技术等高新技术产业。

第四，知识经济是真正意义上的全球一体化经济。全球信息网络的开通及进一步发展，不仅使全球信息资源共享成为可能，而且随着信息技术的发展，必将为整个人类社会充分利用和共享信息资源提供更为快捷的手段和更为广阔的空间。

### （三）知识经济时代创业活动的功能

知识经济时代的创业具有增加就业、促进创新、创造价值等功能，同时也是解决社会问题的有效途径之一。

1. 创业是科技创新的扩容器

知识经济只是在一定程度上改变了就业的方向和结构，而不可能自动解决就业问题。事实上，新创企业可以通过提供岗位、服务社会来带动就业。创业型中小企业更是发挥了重要作用，创造了大部分就业机会，尤其是在大企业进行裁员时，中小企业能在稳定就业方面起到越来越重要的作用。2014 年 10 月 21 日，国家统计局发布前三季度经济数据显示：我国就业形势相当不错，尽管 GDP（国内生产总值）增速放缓至第三季度的 7.3%，但新增就业 1000 万人的目标还是能提前实现，为下一步深化改革提供了较大的回旋余地，其中中小企业成为就业的主渠道，大学生创业一方面解决了自身的就业问题，另一方面也解决了社会人员的就业问题。全社会广泛的创业活动，有利于解决社会就业问题，促进和谐社会的建立。

2. 创业是科技创新的加速器

知识经济时代的创业更可以实现先进技术的转化，推动新产品或新服务的不断出现，创造新的市场需求，进一步推动和深化科技创新，从而提高企业或是整个国家的创新能力，推动经济的增长。创业是新理论、新技术、新知识、新制度形成现实生产力的转化器，新建立的企业要想在激烈的市场竞争中站住脚，就要使用先进的生产技术，采用科学的技术手段，因此，创业可以加速科技的创新。

3. 创业是经济发展的原动力

在知识经济时代，不论是在发达国家，如美国、英国，还是在发展中国家，如中国，创业都是一个国家经济发展中最具活力的部分，是国家经济发展的原动力。“全球创业观察”（GEM）在 2007 年对 42 个国家的创业状况进行了研究，发现在主要的七大工业国中，创业活动的水平与该国的年经济增长是高度正相关的。因此，从全球视角来看，创业对一国经济发展起着至关重要的作用。在过去的 30 年里，美国出现了“创业革命”，高新技术与创业精神的结合成为美国保持世界经济领先地位的“秘密武器”。我国改革开放以后，国家实行市场经济，积极支持个人投资兴办企业，新创办的中小企业成为我国新的经济增长点，对我国经济持续高速增长，以及促进我国的城市化进程和现代化建设，都起到了重要的作用。

4. 创业是社会进步的推动器

创业活动促进了社会经济体制的改革和深化，繁荣了市场，丰富了人们的生活，提高了生活质量，促进了社会稳定和谐，是实现共同富裕的有效途径。创业还可以激发整个社会的创新意识和创新精神，有利于社会文化、观念的转变。此外，创业使无数人进入了社会和经济的主流，对社会形成创新、宽容、民主、公正、诚信等观念和文化具有积极推动作用。

### （四）知识经济时代创业的关键要素

在知识经济时代，知识已经取代传统的有形资产成为支撑竞争优势最为关键的资源，“科技创新”因此成为这一时代创业活动的大趋势。在动荡复杂的竞争环境中，知识要比其他资产具有更快的更新和淘汰速度，因此，优秀的创业者还需要及时而有效地将“创新成果”转化为“商业价值”，如此才能在多变的环境中保持持续的优势地位。知识经济时代创业有如下关键要素：

1. 持续创新，拥有自主技术

在全球化环境下，信息、技术和人才成为新创企业的关键因素，也是企业间竞争的焦点，特别是通过对技术和知识产权的占有，使其在市场上获得竞争地位并控制市场。根据相关数据显示，目前全世界有 86% 的研发收入和 90% 以上的发明专利都掌握在发达国家的手里，凭借着科技优势，以及建立在科技优势基础上的国际规则，发达国家与其跨国公司在世界上形成高度垄断，从而获得大量的超额利润。2008 年金融危机后，世界范围内的经济转型和资源重组为知识经济背景下发展中国家的企业实现跨越式反超提供了机遇，创业者唯有勇于承担风险和持续创新，才能获得核心竞争力和后续发展的动力。

2. 技术引领市场，挖掘潜在需求

在知识经济条件下，创业者需要学会利用独创的知识来开发新产品、挖掘“潜在需求”，而不是仅仅为了生存而瓜分和扩大现有市场。潜在需求中的“需求”是企业通过“技术引领”创造的。例如，苹果公司在推出 iPad 之前，大多数人不知“触屏电脑”为何物，更别说“需求”。而苹果公司依靠其先进的技术、一流的设计，跟踪用户需求，推出了更便于携带与使用的全触屏电脑 iPad，并迅速引发需求狂潮。挖掘潜在需求，要求创业者必须兼具敏锐的洞察能力和强大的创新能力。从个体角度来看，挖掘潜在需求的创业者在这一新领域避开对手，很容易成为引领者并获得创业成功；从整体角度来看，挖掘潜在需求能够开发更大的市场，创造更多的就业机会，更好地推动社会经济发展。

3. 兼容并蓄，快速改革

知识经济时代的知识具有信息量大和淘汰速度快两大特点。单个创业者很难拥有所需的全部知识。面对全球化进程下越来越激烈的竞争环境，唯有兼收并蓄，以开放的心态进行广泛的知识合作，才能在创业的过程中获得所需要的源源不断的动力。创业者还需要拥有乐观积极的态度，视变化为机遇，把握市场方向和需求，抓住变革的方向和节奏并予以快速响应，才能在不断变化的环境中取得成功。

4. 全球化的胸襟与眼光

我们身处一个全球化的时代，一旦选择创业，那么无论愿意与否，客观上都将不可避免地卷入一场全球化的竞争。因此，拥有全球化的胸襟与眼光显得尤为重要。具体表现在两个方面：一是要有融入全球化的勇气。即使处在创业初期，这份勇气也尤为重要，因为机会面前人人平等，只有拥有全球化的勇气才能抓住全球化的机会。二是要有全球布局的思维。如今，通过网络手段，来自全球的潜在顾客都有可能成为目标客户，而世界各地的货源也有可能成为自己的创业资源。创业者需要运用全球化的思维对不同市场采取不同的战略以整合全球资源。

## 三、消费群体的个性需求

随着“80后”渐渐成为社会中坚力量，“90后”纷纷进入社会工作，年轻一代即将成为消费的主力军。世界上每个角落的零售商都紧盯着“80后”“90后”消费者的口袋，他们不断揣摩研究“80后”“90后”的消费习惯：他们可以在同一时间约朋友上网购物、喝拿铁；因为选择的多样性，他们购物时犹豫不决；他们喜欢个性化，不喜欢和朋友所用的商品重合；他们会透支消费，但是他们亦热爱使用优惠券；他们在社交媒体分享购物体验，他们亦在社交媒体获取购物信息。他们多变、个性、充满活力，可以说，零售市场中年轻人得天下。

现在的年轻一代减少了去商场购物的时间，在他们的概念中，在一个又大又旧又无聊的商场闲逛是浪费时间的事情。所以，商场要提供个性化的服务，让购物变得有趣、有意义，并且值得回忆，这样，年轻一代的消费者才认为商场值得前往。同时年轻人喜欢质量好的商品，但是他们往往不盲目崇拜品牌和高价。他们要质量好，并且能体现自己品位的商品，要让自己区别于自己的朋友。

相比老一代消费者，当下的年轻人对待品牌具有更高的道德标准。他们会根据品牌商的社会表现，来决定是否购买这家店的商品。有调查显示，32%的年轻人不会购买社会表现不好的品牌商的东西，这些商品不能被他们所接受。这对品牌商和零售商来说是一个新的挑战和机遇。

“血汗工厂”一词纷纷出现在各大媒体，这说明越来越多的消费者不仅仅只关注商品本身，他们的社会责任感更加强烈。所以，对品牌商和零售商来说，不仅仅要取悦消费者，更要让消费者看到商家的社会责任意识，树立自己良好的品牌形象。所以，对珍惜羽翼的品牌来说，越来越看重代言明星的个人口碑；越来越多的零售商现身灾难一线参加救援；也有不少企业设立人才培养计划、扶助贫困大学生计划；等等。通过这些方式，一方面是在承担自己的社会责任，另一方面也是在树立自己良好的品牌形象。

了解年轻一代消费者，进而满足他们的消费需求，是未来创业领域的重点战略。这是一群让人又爱又恨的群体，他们的钱比任何一代人的都好赚，却也难赚，关键在于是否真的懂得他们。零售商要了解消费者的特性，提供更加多样的服务和特色。在交易方式上不仅要提供钱货交易的方式，也要提供物物交易的方式，以租赁的方式，来满足消费者的需求。美国的 Rent the runway（伸展台租衣网）就是符合新一代消费者的成功案例，其专门提供奢侈品、礼服等租赁服务，满足女性特定时间点的特定需求。在营销方式上，也要想方设法采用个性的、能够受到年轻一代喜爱的方式。

## 四、大众创业氛围形成

对于大学生自主创业，国家制定了很多优惠政策，具体如下：

大学毕业生在毕业后两年内自主创业，到创业实体所在地的工商部门办理营业执照，注册资金（本）在 50 万元以下的，允许分期到位，首期到位资金不低于注册资本的 10%（出资额不低于 3 万元），一年内实缴注册资本追加到 50% 以上，余款可在 3 年内分期到位。

大学毕业生新办咨询业、信息业、技术服务业的企业或经营单位，经税务部门批准，免征企业所得税两年；新办从事交通运输、邮电通信的企业或经营单位，经税务部门批准，第一年免征企业所得税，第二年减半征收企业所得税；新办从事公用事业、商业、物资业、对外贸易业、旅游业、物流业、仓储业、居民服务业、饮食业、教育文化事业、卫生事业的企业或经营单位，经税务部门批准，免征企业所得税一年。

各国有商业银行、股份制银行、城市商业银行和有条件的城市信用社要为自主创业的毕业生提供小额贷款，并简化程序，提供开户和结算便利，贷款额度在 2 万元左右。贷款期限最长为两年，到期确定需延长的，可申请延期一次。贷款利息按照中国人民银行公布的贷款利率确定，担保最高限额为担保基金的 5 倍，期限与贷款期限相同。

政府人事行政部门所属的人才中介服务机构，免费为自主创业毕业生保管人事档案（包括代办社保、职称、档案工资等有关手续）2 年；提供免费查询人才、劳动力供求信息，免费发布招聘广告等服务；适当减免参加人才集市或人才劳务交流活动收费；优惠为创办企业的员工提供一次培训、测评服务。

# 第二章　高职创新创业教育现状研究

## 第一节　我国大学生创新创业教育发展现状

### 一、我国大学生创新创业教育的发展历程

我国高等教育于 1998 年 12 月对创业教育的理念开始正式回应，教育部制订的《面向 21 世纪教育振兴行动计划》提出，要“加强对教师和学生的创业教育，鼓励他们自主创办高新技术企业”。清华大学在 1998 年举办了第一届“清华大学创业计划大赛”，后来各个高职也进行了推广。团中央、科协、全国学联在 1999 年联合举办了全国第一届“挑战杯”大学生创业大赛。标志着创新创业教育的理念开始进入我国高职。在 2000 年的全国高职技术创新大会上，教育部规定大学生（包含硕、博士）可以保留学籍创办高新技术企业。政策的出台极大地推动了大学生的创业激情和梦想。教育部于 2002 年将清华大学、中国人民大学、北京航空航天大学、武汉大学、上海交通大学、西南交通大学、黑龙江大学、南京经济学院以及西北工业大学 9 所高职定为创业教育试点院校，这昭示了我国大学生创新创业教育的正式启动。从此，政府不断出台各项政策，支持和鼓励高职开展创新创业教育和进行大学生创新创业活动。

教育部高教司在 2003 年举办了“创业教育骨干教师培训班”，邀请澳大利亚创业教育专家 Peter Sheldrake 来中国讲学。来自全国 100 多所高职的 200 多名教师参加了培训学习，促进了中国高等院校创新创业教育的大力开展。团中央、全国青联与国际劳工组织联合于 2005 年 8 月在华开展 KAB 高职创业教育项目。截至目前，《大学生 KAB 创业基础》项目已经在全国 600 多所高职实施开展。项目官方网站“KAB 中国创业教育网”的建立为高职的师生提供了创业信息、实践机会、专家指导和成员交流的平台。

## 二、我国高职大学生创新创业教育存在的问题

### （一）创新创业教育理念缺失

创新创业教育在我国起步晚，仅仅十几年的历史，还处于探索、摸索和起步阶段，现阶段并没有被社会和高职完全认同和接受；人们对创新创业教育的必要性、重要性和紧迫性的理性认识尚未形成；对一个以公有制为主体的国家而言，作为创业初期形式的个体中小企业蓬勃发展还有很长的路要走；加之中国长期以来“学而优则仕”的观念深入人心，稳定仍是大多数大学生和家长追求的目标，导致整个社会的创新创业意识淡漠，氛围不浓厚；现阶段高职的创新创业教育更多的价值取向还是解决目前的大学生就业困难，并没有把它当作一种长期的培养优秀人才的行为，导致创新创业教育内涵和价值的缺失；有的高职仅仅把创新创业教育等同于创业计划大赛等简单的形式，过分注重了比赛成绩的追求，是功利性的创新创业教育理念；还有的人认为创新创业教育旨在培养经理人而非具有事业心和开拓精神的创业者，导致创业活动停留在了利润与财富创造的功利性层面上，并没有上升到开创事业的理性层面上。

总的来讲，现阶段我国的创新创业教育理念没有深入人心，创业教育作为大学生应有的“第三本教育证书”的理念尚待更多学生、教师、学校管理部门的接受。

### （二）政策支持的执行力度不够

面对国际竞争的日益加剧、时代发展的要求和日益严峻的大学生就业形势，中国政府制定了许多政策支持鼓励高职积极开展创新创业教育，同时鼓励大学生突破就业瓶颈，实行自主创业，对高职毕业生自主创业者制定了众多的优惠政策。但是鉴于高昂的创新创业教育成本，政府很难给予高职大量有效的创新创业教育资金支持。

### （三）创新创业教育与人才培养体系之间存在脱节

我国当前的创新创业教育大多是课外活动、讲座形式的业余教育活动，主要停留于操作层面和技能层面，并没有融入传统的人才培养体系中，实施过程中基本与学科专业教育脱节。黑龙江大学原校长认为，首先，这种认识和实践把创新与创造平庸化为单纯的技巧与操作，从根本上忽略了创新和创业能力的

深层次基础；其次，这种局限于操作和技能层面的创新创业教育暗含了一种狭隘认识，也就是无须从根本上对现有的专业教育和课程体系进行改革，只需添加创造学的知识和创业的技能，就可以实现相应的目标；再次，这种认识和实践会把中国的高等教育引向歧途，最终会导致中华民族的创造力与创新能力的枯竭。人的创造性、创新和创业能力并不能像具体的技能和技巧那样传授，它必须通过科学知识和人文知识所内含的文化精神的熏陶，才能潜移默化生成，创业教育应深深地依赖于专业教育，所以改革现有教育体制和教学内容势在必行。

由此可见，创业教育事关高职教育教学系统改革，应该渗透到教学的各个环节，涉及人才培养模式和学生管理体制的改革。

### （四）创新创业教育学科边缘化，课程体系不完善

目前在我国高职，创新创业教育并不是主流教育体系的组成部分，它或是包含于技术经济学科，或是企业管理学科，并没有明确的专业定位。

由于学科边缘化，大学生创业教育被很多人当成是企业家速成教育，就是培养“学生老板”。同时高职的创新创业课程零碎，缺乏作为一门学科的严谨性和系统性。大多没有系统的创业课程群，只是属于“职业规划”“就业指导”之类的系列讲座，而且就连讲座也没有固定的安排与系统的规划。

### （五）创新创业教育环境有待改善，资本市场支持不力

当前中国的创新创业环境评价不高。虽然社会开始在宣传创新创业的理念，但是引导力度不够；高职中宣扬大学生吃苦耐劳的精神较多，而勇于承担风险、开拓创新的氛围远远没有形成；高职管理者和教师对创业者的宽容、尊重和支持不够；风险投资在国内发展虽然很快，但针对学生创业的投资较少。大学生创新创业可利用的外来资本更少。

### （六）创新创业教育师资力量欠缺

教育师资是创新创业教育课程教学的关键所在。大学生创新创业教育涉及知识较多，综合性和实践性都很强。它的课程以行动为导向，实际经验引导的体验多于传统概念规则的讲授，所以教师应当兼具较高的理论知识和丰富创业管理经验。同时这对教师的教学方法也提出了新的要求。

目前开展创新创业教育的高职教师大多缺乏企业管理和创业的经验，有的只是接受了短期的培训，讲课内容重在理论分析，无法真正培养学生的创业意

识和能力。当前，我国创新创业教育的师资力量主要来自学生“就业工作”的行政部门和“商业教育”的教学或者高职辅导员。有的高职聘任了一些成功的企业家与创业者担任兼职教师，但是在组织协调、资金支持和制度保障方面存在严重不足，加之聘请的部分企业家、创业者缺乏实际的教学经验，因此教学效果难以达到要求。

### （七）创新创业教育停留于浅层，缺乏实践环节

在创新创业教育中，创业实践是其高级层次，也是提高创新创业教育实效的基本途径，能全面提升创业者的综合素质。

多数高职资金投入的不足和实践基地的缺乏与薄弱导致教学实践环节基本属于走马观花式的参观活动，阻碍了学生对创业实践的了解与接触。再加上教学方式的陈旧，填鸭式、灌输式的教学方法影响了学生创造力的发挥和探索求新的激情。

### （八）创新创业教育范围较窄

目前，我国高职创新创业教育和活动仅使一小部分学生受益，没有大的教育氛围，有较强的精英色彩，大部分学生只能当看客。大学创新创业教育不应只是针对少数有创办企业潜质学生的技能性教育，而是面向所有学生的综合性教育，可以为所有学生终身可持续发展奠定坚实的基础。

总体来讲，中国创新创业教育的发展还不够成熟，这与我国当前的高等教育水平、社会传统文化观念、经济发展水平、人才培养体系和资本风险意识等有很大的关系。因此，我国高职的创新创业教育目前处于探索和学习阶段，创新创业教育的理论研究也处于萌芽阶段，创新创业教育的各个方面还有很长的路要走。

# 第二节　高职创业教育的基本策略

## 一、倡导创业精神，转变教育理念

高职要转变传统的教育理念，调整学校的办学指导思想，即要从狭窄的知识教育、单纯就业教育转向以提高学生综合素质为主的创业教育，把创业素质教育、培养创业人才作为高等学校教育的重要内容，追求以人为本、以创业教育为核心的教育新理念。因为知识经济时代的教育不仅仅是就业、择业教育，更应该是创造、创新、创业教育。大学应该成为创业性人才培养的摇篮，教会学生创业，努力促进以创业带动就业，树立创业精神，倡导和大力实施自主创业，为学生走向社会、独立谋生奠定基础。

我国由于受几千年传统文化思想的束缚和多年计划经济的影响，使得在社会中普遍存在着对创业的惰性，加之对创业的宣传不力，导致创业在青年心目中的神秘感和高不可攀。创业教育理念的缺失，导致对大学生创业素质的培养还未被人们充分认识，仍有许多青年大学生不敢创业、不愿创业，怕冒风险、害怕失败，这成为严重束缚青年大学生就业和创业的“瓶颈”，严重制约了青年的创业积极性。“观念一变天地宽”，因此，积极营造有利于青年大学生创业的良好的社会舆论环境，广泛宣传诸如浙江商人那种“四千”精神，即“走遍千山万水，说遍千言万语，历尽千辛万苦，想尽千方百计”的创业精神，宣传我国优秀非公有制企业和企业家的创业经历，宣传大学生身边的典型和致富经验，把他们的创业经验作为大学生创业教育的“活教材”，使每个人都为创业而感动、而思考，引导青年大学生转变择业观念，增强自主创业意识，帮助青年统一思想认识，意识到自食其力、创业光荣，认识到破除陈旧观念，就能够闯出一片天空。只有当自主创业的观念在青年大学生思想中深深扎根，青年大学生真正摒弃工作有高低贵贱之分、端上“铁饭碗”才算就业的陈腐观念之后，才能真正主动挑战风险、砥砺品格，其潜在的创新意识和初生牛犊不怕虎、敢作敢为的创业激情才能被激发出来。当然，创业有成功也有失败，我们鼓励、赞赏成功，更要体谅、允许失败，对创业者付出的努力和创业精神都要尊重、鼓励。

此外，面对当前严峻的就业形势和社会发展转型的客观规律，大学生自主创业应当而且必将成为重要的就业方式。因此，必须克服传统观念的羁绊，彻底转变传统“就业教育”——读书就是为了考试、拿学位、找份好工作、“学而优则仕”的功利主义读书观；深化改革人才培养模式，树立“读书创业”“学而优则创”的新风尚，确立“创业就是就业，而且是更高层次就业”的新理念。从就业教育转向创业教育，引导大学生从毕业后依赖政府“找饭碗”转为面对市场“造饭碗”，在全社会真正形成艰苦创业、自主创业、全民创业的风尚，使高职的教学模式从“知识传承型”转向“知识创造型”，变江西“打工经济”为“老板经济”，则江西“两个率先”的实现指日可待。

然而，近年来高职大学生创业比例极低的状况表明，传统“就业教育”的观念和人才培养模式并未得到有效转变，某种程度上正在被强化甚至固化，使得大学生就业问题陷入日益严重的困境。比如，教育部以学生就业状况作为评价高职办学水平和人才培养质量的重要指标之一；每年江西省教育厅都在主要媒体宣布全省高职就业率；绝大多数高职以“高就业率”为亮点进行招生宣传等。在这样的评价机制和社会压力下，高职普遍忽视创业教育是自然的选择。尽管媒体公布的高职就业率并不能保证准确，尽管自主创业也统计在就业之列，但现实是，在高职乃至全社会，创业往往被当成无奈之举。找不到满意工作的大学生则宁可待在家中准备考研或下一轮应聘，也不愿尝试自主创业。为此，笔者建议：一是运用报纸、电视、互联网等多种媒体和形式，大力宣传、表彰自主创业的大学生典型及其优秀业绩，突出宣传“创业是更高层次就业”的理念，营造全社会尊重劳动、尊重知识、尊重人才、尊重创造的氛围；二是省教育主管部门每年应在主要媒体同时公布高职“创业率排行榜”；三是教育主管部门应将毕业生“创新创业状况”同“就业状况”一并列为高职办学水平和人才培养质量的重要评价指标；四是高职的相关报道、招生宣传等应以同等热情与力度突出介绍毕业生的“创新创业能力”与“创业率”。

案例：江西财经大学秉承创新创业精神，深化细化办学理念

办学理念是办学实践的内在动力，学校教育的改革和进步必须以理念的突破和更新为先导。早在1927年，江西省立商业学校校长（江西财经大学的前身）先贤罗静远先生就提出“信敏廉毅”校训和校歌，倡导创业精神和实践教学。校内开办银行、商店和美术广告社，学生实习时间约占上课时间的三分之一，这在当时的全国商业学校中尚属首创。

改革开放以来，江西财经大学历任领导秉承光荣的办学传统，不断探索具有江西财经大学特色的办学道路。通过多次全校性教育思想大讨论，广大教职员工逐步统一了认识，明确了方向，坚定了信念，明晰了举措，“培养具有‘信敏廉毅’素质的创业型人才，打造区域人文社会科学中心”的办学理念成为江西财经大学人的选择。同时，江西财经大学人不断深化细化办学理念，构筑了一套从创业教育到创业服务的系统性创业扶持体系，为大学生的创业成功提供了系统保障。

## 二、完善培养体系，推进课程改革

我国高等教育学家潘懋元教授曾指出：“创新精神与实践能力，或创业精神和创业技能，恰恰是我国高等教育的薄弱环节。因此，高等教育的改革，应在课程设置、教学方法，包括考试内容与方法方面下功夫。”潘老这番话强调了高职课程体系、教学方法对大学生普遍薄弱的创业精神方面的影响。

课程设置、教材选用和教学方法改革是高职创业教育的基础，地方高职设立什么专业、开哪些专业课程、怎样设计专业教学与实践计划、开设的课程又上哪些内容、要采取怎样的教学方式和教学模块去实现创业教育教学计划，这些正是地方高职要致力改革的地方。长期以来，我省高职往往照搬硬套多年不变的陈旧的专业培养计划，一套教材使用多年，很少做人才市场需求和大学生身心健康发展需求的调查研究，往往是关起门来搞专业设计。地方高职的课程改革归根结底要紧紧围绕创业型人才培养目标，以人才市场为导向，以用人单位人才需求和大学生学习需求调研为依据，在调查研究的基础上，集中国内外创业教育专家学者的智慧，为大学生设计出有针对性的创业教育课程培养计划。在课程内容的设计上要注意普及性教育与重点教育相统一。既要有面向全校大学生的创业公选课，又要有针对有强烈创业愿望大学生的创业核心课程。在创业课程的具体设置上我们可以借鉴我省比较成功的高职的经验。江西师范大学创业教育中心针对在校大学生建立了一套完整的创业课程教育体系，着力推行创业管理本科辅修专业计划、创业管理专科辅修专业计划。这是学校为了推进和完善学分制改革，加强本专科生创业知识和创业能力，提倡和鼓励学生自主创业，培养学生创新意识而开辟的第二课堂教学形式。在学分结构上设立创业教育学分。课程内容包括“创业学”“创业营销学”“企业家精神”“企业与创业团队管理”“创业投融资”“创业计划”等，并委托江西师范大学创业教育中心专职老师担任，每门课程为2个学分以上。至今，许多大学生已经获得学分并增强了创业意识。

另外，创业教育课程应该在以往创业教育课程基础上开设“创业社会常识”“创业心理和技能”“市场经济”“经营管理”“公关和交往”“法律和税收”等与创业活动密切相关的课程。各地教育主管部门应当强化管理和指导，精选、推广与普及国家级或省级创业教育精品教材、精品课程；组织高水平专家学者编写有江西特色、适合不同大类专业学生使用的创业类教学资料。

加强课程融合，注重显性课程与隐性课程相结合。课程论根据表现形式把课程分为两大类：显性课程和隐性课程。学校主要通过这两类课程创设的教育环境对学生施加影响，从而产生教育的效果。同时当代知识理论把知识分为“显性知识”和“默会知识”。前者指的是能够以书面文字、图表和数字公式加以表述的；而后者指的是不可编纂的知识，隐藏在大脑里只能意会不能言传的知识，包括信念、价值观、判断力、激情、良知、承诺、责任心、不可编写的操作程序等。从教育活动空间看，显性课程主要是通过课堂环境实施教育影响，它向受教育者传授的是“显性知识”，作用空间一般局限于课堂之内；而隐性课程则为非课堂文化，它向受教育者传授的是“默会知识”。

## 三、注重融合交叉，优化教师结构

高等学校创业教育需要一支结构合理、素质优良、专兼职动态发展的创业教育教师队伍，这是搞好创业教育的重要保证。根据目前国内外创业教育的成功实践，创业教育教师队伍应由理论型教师和实践型教师、高职专职教师和校外创业教育专家组成。在这支创业教育教师队伍中，来自高职的专职教师是从事创业教育最基本、最主要的力量，负责创业教育的基础教育、教学、实践、管理等工作。长期以来，高职只注重引进研究型师资，而很少考虑引进适应创业教育的师资。如果我们没有大批活跃在“教学第一线”、奋战在“科研第一线”、体验在“创业第一线”的高水平和一流的教师，他们自身就无法明确和把握本科学的发展前沿和方向，更无法深入浅出、引人入胜，帮助学生深入理解知识，也无法引导学生进入学科前沿，更无法培养出真正具有创业意识和创新才能的人。因此，笔者认为可以从以下几个方面培养高职创业教育专职师资队伍：一要依托国内创办创业教育专业的高职，培养具有专业化水平的创业教育教师；二要把充实完善教师创业教育知识结构纳入全体教师的培养规划中来，大胆聘请学历不高但有丰富创业管理经验的校外企业家、创业研究和创业教育专家到学校面向全体教师进行创业教育讲座，强化全体教师创业教育意识；三要加强对教师的培训，选派教师参加国家或高职组织的创业教育教师培训班，有条件的大学还可以分期分批选送教师到国外进修，学习国外先进的创业教育经验，使之能够了解国内外先进的创业教育教学的知识；四要创造条件让教师到企业挂职锻炼，让教师得到企业管理、运作的第一手资料，体验创业过程，潜心研究案例，提高创业教育能力。

此外，清华大学张健、姜彦福和林强认为：“创业是一个跨越多个学科领域的复杂现象，不同学科都以其独特的研究视角进行观察和研究，这些学科包括经济学、心理学、社会学、人类学、管理学等。根据国内外创业教育的成功经验和我们的实践探索，教授创业教育的专家应来自经济管理、工程技术、政府经济部门、企业、创业园、投资公司等领域，他们构成了创业教育专家体系的六个基本要素。”聘请这些创业教育专家与高职专职教师配合作为兼职教师，可以弥补高职实践型教师的不足，为高职推进创业教育提供人力保障。

## 四、创新服务体系，推进组织建设

### （一）创新创业教育服务体系

1. 政府要联合高职制定鼓励学生创业的有关政策，并形成一种创业制度，激发学生的创业欲望，营造良好的校园创业文化氛围，强化大学生创业意识。

2. 通过报纸、电视、校园互联网等传媒，为大学生提供创业信息咨询服务，并通过校园互联网平台，把大学生创业项目、创业资金、创业导师、创业资源、创业政策等内容整合在一起，实行资源共享，供大学生选择。

3. 建立的大学生创业指导中心，负责组织校内外有关专家和管理咨询机构为创业学生提供企业管理、财政、税务、工商、外贸商务、法律法规等咨询服务和人员培训；负责对创业团队创业项目进行评审管理并择优予以支持；协助创业团队办理工商注册、税务登记，提供法律咨询和维权服务；帮助成熟的创业团队联系创业基地，做好入驻工作；协助创业团队疏通融资渠道，争取有关的扶持资金、专项贷款和风险投资。

4. 认真学习借鉴省内外的成功经验，建立大学生创业孵化园区，为学生创业提供实践基地。调查中，我们了解到大学生最希望高职创业教育给予的帮助是加强自身创业实践能力。为了更好地解决这个问题，我省高职要大力创办高职科技创业园区，逐步建立起完善的大学生创业实践平台，让园区成为师生创业的“孵化器”，并制定在校师生创业激励政策，完善相应的师生创业服务指导机构。具体实施中可以借鉴我省创业实践服务做得比较成功的学校的经验。

5. 完善社会创业实践服务系统，建立“产学研”一体化驾驭模式，实现对高职创业人才的再教育。改善人才成长环境是全社会的事，学校教育只是完成了部分工作，其创业能力的进一步形成还有待在社会大环境中进行实践锻炼。

### （二）推进创业教育组织建设

推进创业教育需要一定的组织基础。制度化的组织形式不仅是推行创业教育的需要，也是创业教育可持续发展的需要，组织架构如下：

1. 成立由党政领导、教学、科研、学生管理职能部门以及各教学院系、团委、学生就业指导中心等部门的负责人组成的学校级别的创业教育领导小组，负责学校创业教育有关政策和推进措施的制定，并负责对全校创业教育工作进行宏观管理与指导。

2. 建立强有力的经常性的创业教育研究与管理机构，成立创业教育中心负责研究创业与创业教育理论，负责在基础层面与实践操作层面全面推进全校的创业教育，并做到专业教育与创业教育的有机结合。

3. 在各教学院系成立与创业教育中心相对应的分支机构，组织实施本单位的创业教育工作。

4. 积极鼓励创业方面的老师成立创业研究会，支持学生成立各种创业社团组织，并以组织为载体开展创业教育活动。

5. 通过团委、学工部、学生会办好第二课堂活动，积极鼓励学生组建形式多样的创业团队，并为创业团队的建设和开展创业活动构建载体，大力扶持高职的各种创业实践活动的开展，如定期举办“创业沙龙”、成立“创业俱乐部”、举办“创业计划大赛”等，力争通过组织活动吸引大量的教师和学生参加创业教育活动，逐步建立起完善的高职创业服务组织。同时充分发挥校友会的作用，利用这个平台为大学生创业提供多种渠道帮助。江西财经大学在这方面的工作很有成效，形成了独特的“江财校友文化”。江西财经大学深厚的创业文化底蕴造就了一大批创业者。一方面，他们感恩其创业的素质和能力来自学校的教育和培养，竭力为学校创业学生提供力所能及的帮助。比如，一些知名校友在学校设立了多种奖学金，捐建了多处校园基础设施建设，这些事迹给了学生客观真实的教育，增强了他们的创业意识。另一方面，他们的创业事迹也启迪、感动着江财人从办学理念上提炼、归纳和光大办学特色，满怀激情地投入到创业教育中去。如今，江西财大的创业型校友遍布海内外，涌现出大小企业主和企业家4000多人，形成了一批以江财校友为骨干的国内著名企业。如全国工商联副主席、中国民营科技实业家协会常务副理事长郑跃文，中国财务软件的领跑者、美国《商业周刊》评选的“亚洲之星”王文京等全国著名企业家，都是他们中的杰出代表。

## 五、加强校风建设，营造创业氛围

校风作为一种精神氛围、一种育人环境，代表着学校的形象，是学校的无形资产，而校风建设则集中表现在校园文化建设上。“校园文化是一个动态的、开放的系统，它对于塑造学生的性格、促进学生的社会化、培养学生良好的精神风貌以及健全的心理等方面都起到了独到的作用，对于培养学生的创业精神更是有着不可替代的作用和地位。”由此，我们在校园文化建设中应该突出创业教育的主题，自觉将创业教育融入学校整个的育人机制之中，使创业教育的观念深入人心。为了在校园内营造一个浓厚的创业文化氛围，高职可以结合自身的特色从以下两个方面进行尝试：

### （一）重塑校园精神文化，营造浓郁的创业文化氛围

教育部副部长赵沁平认为高职除了普遍认同的三大功能（人才培养、科学研究和社会服务）之外，还具有第四功能，即引领文化的功能。“大学从其诞生以来，聚集大量科技、文化精英，通过知识传播、知识创造，以及与社会的互动而对社会文化有着巨大的影响。也就是说大学具有与生俱来的、更为独特的、影响更为深远的引领文化的社会功能。”校园精神文化对学生的发展具有潜移默化的影响。在传统的以保守、求稳等为主流的校园氛围影响下，绝大多数学生希望找一份稳定的工作。在对大学生的访谈中，许多大学生认为，即使他们将来要创业，也是等有了一份好的工作、赚到足够的钱以后的事情。他们宁可选择一条“先就业，后创业”的道路。另外，即使找不到“理想”的工作，

他们也会退而求其次，满足于没有高薪、但稳定的工作。这说明当代大学生对创业还有一定的畏惧心理，对创业中存在的风险有较多的忧患意识。因此，在高职营造一种敢于冒险、富于创新的校园创业文化氛围对学生创业素质的提升具有整体引导、塑造、培养功能和耳濡目染、点滴渗透的效果。而创业文化氛围的营造，本节建议从以下三个方面进行尝试：首先，要注重发挥高职教师在教学和研究中的创新意识对形成校园创业氛围的作用；其次，要通过开展大量与创业有关的活动，从而营造大学校园浓郁的创业气息；最后，通过以学校标志、学校文化设施和学校环境建设为载体的大学物质文化建设来影响校园精神文化，使创业教育思想在校园内达到“宣传媒介中有、师生意识中有、人文景观中有、实际行动中有”，营造创业教育环境和创业文化氛围。以江西财经大学为例，走进校园，创业文化无处不在：每天，频繁更换的 60 米长的学生活动公告墙上，90% 以上都是创业活动的海报；每月，有实践经验的企业家都会走进课堂，与学生分享创业的经验与甘苦；每年，学生学术节上学校成为一个大经济场，上万名学生自发成立了几百乃至上千家模拟公司，在老师和企业的指导下，组织模拟财务公司、模拟银行、模拟证券交易所、模拟人才交流市场、模拟税务征管等活动。

### （二）完善创业型人才培养的制度文化，组织开展丰富多彩的创业教育活动

校园创业精神文化的落实要依赖以学校的组织建设和制度建设为载体的大学制度文化建设来保障。以南昌大学为例，他们建立了一系列创业方面的制度，如创业计划申报制度，并通过校团委和学生会组织的“创新创业活动力”，一方面积极鼓励学生组建形式多样的创业团队、设立学生科技中心和活跃学生社团；另一方面，充分利用现有的资源和条件，为团队的建设和活动构建载体。譬如，举办“创业沙龙”，成立“创业俱乐部”，举办“创业论坛”“人才论坛”，开展学术报告、研讨、辩论、科研竞赛、创业大赛、创业交流等。

当然，创业教育要最终落实到创业实践，还必须营造良好区域创业文化环境。江西创业文化不足，创业基础较为薄弱，因此，我省必须着力完善创业驱动、创业决策等创业机制及一系列创业管理制度，努力营造安全文明的法制环境、诚实守信的人文环境、开明开放的政策环境、高效快捷的办事环境和舒适优美的人居环境，为构建江西和谐创业文化环境提供保障。

## 六、秉承优良传统，突出区域特色

文化是有地域性的。地域文化是人们生活在特定的地理环境和历史条件下，世代耕耘、经营、创造、演变的结果。因而，生存在一定地域环境中的人们，其心理特征、文化性格或多或少会受到地域环境的影响。每一个地方的地域文化都是在漫长的历史发展过程中逐渐形成的，它的形成受该地自然、地理、历史、经济和社会发展等因素的影响。而反过来，地域文化对当地的民风、社情乃至经济、社会、教育发展都会产生广泛而深远的影响。因此，秉承江西优秀传统文化，弘扬革命精神，成为整体推进具有江西区域特色的创业教育的重要途径。

### （一）秉承优秀传统文化，构建有江西特色的创业教育体系

在江西传统文化中，一直保留着一个特点，那就是浓厚的读书氛围，这曾经带给赣人辉煌，也曾带给赣人遗憾。但它本身应该是个可加以利用的优良因素，关键是现代江西人应该学习什么和怎样学习。

江西三面环山，一面临水，虽成盆地之形，却无封闭之势，出得去、进得来，加之曾处于长江与经过长江和大庾岭的纵贯南北的交通主干线组成的大“十”字交通枢纽位置的优势，历来为多元文化荟萃之地，农工商并重，经济发达，人文鼎盛，在得益于地理的优势之下，成为人杰地灵之地，赣文化也因此而具有多元与开放的特点。缘于地理及经济优势，江西的古代旧式教育曾一度领先，书院林立，江西人文也因此得以繁荣。但是近代以来，江西学子没有及时把握时代脉搏，反而单纯追求功名、热衷科举，使得江西人才全面衰落，人文全面式微。始于1949年的江西当代教育，经过了曲折的发展过程，取得了较大成就，但依然没有赶上时代的步伐。迄今为止，全省重点高职还比较少，且人才培养结构不合理。随着知识经济与经济全球化的不断融合，人才问题将越来越成为制约江西全面发展的“瓶颈”。要解决这一问题，一方面，高职要继承江西几千年历史发展积淀中形成的文化传统，深刻挖掘古代文化资源，特别是“赣文化”，在“破”与“立”“扬”与“弃”过程中，继承赣文化的精华。例如，浓厚的读书氛围和人文情怀，摒弃“重文轻商、守土恋家、安贫守旧、懒散求稳、墨守成规、小富即安”的小农意识和“耻于经商、热衷仕途、学而优则仕、商而优则仕”的官本位思想。另一方面，要加大高职的教育投入，特别是要更新高职教育理念，以教育创新来促进创业教育，以创业教育来深化教育改革，

构建有江西区域特色的创业教育体系，从而真正培养出有创业能力及创业精神的创新创业型人才，加快我省科研成果转化，把科教兴赣战略落到实处。

### （二）弘扬红色革命精神，构建江西和谐创业教育环境

江西历史发展积淀中形成的红色传统文化和共产党领导江西人民浴血奋战创造的革命历史文化是构建江西和谐创业的社会文化的基石。首先，高职应该注意挖掘江西红色文化资源，弘扬革命文化，让大学生学习“大义凛然、无私无畏、英勇顽强”的崇高革命精神。其次，高职应该着力探求革命文化与现代人文精神最佳交织层，总结并弘扬以“坚定信念、艰苦奋斗，实事求是、敢闯新路，依靠群众、勇于胜利”井冈山精神为基础的符合江西地域特色的创业精神文化，打造红色文化精品，构筑全新的社会文化动力，激励江西大学生顽强的拼搏精神和蓬勃的创造精神，为江西的发展无私奉献，为构建江西和青年创业教育环境不懈努力。

### （三）创新人才培养模式，发挥高职创业教育领军作用

不同的高职应该采取何种创业教育模式，必须结合区域文化特点及各高职自身的特点。培养的人才不但要有专业技能，更要有全新的创业理念和管理理念；要求其不但要培养出具有创业精神的大学生，更要成为培育社会创业精神的主阵地。因而，适应于江西地域特色的高职创业教育模式应该是综合的立体教育模式。

## 七、发挥政策优势，弘扬全民创业

政策导向为创业教育提供了坚实的基础。随着整个社会对创业教育的重视，政府部门给予高职一系列的优惠政策，有力地推动了大学生创业，从而有力地推动了高职创业教育的发展。

全民创业的“全民”包含了最广大的人民群众、工人、事业单位机关工作者、领导干部等，而大学生在其中起着生力军的作用。广大高职应该抓紧机遇，加快建立和完善创业教育体系。推进本省创业教育活动，使创业人才辈出。

为了推进创业活动又好又快发展和鼓励支持高职大学生创业，从依法治省的角度出发，与地方政府、各部门出台的相关配套政策共同构成全民创业的比较完整的法律政策体系。具体表现在以下几个方面：

### （一）针对大学生的创业优惠政策

各地各部门围绕省委省政府出台的《中共江西省委、江西省人民政府关于推动全民创业、加快富民兴赣的若干意见》出台了一些大学生优惠政策，包括江西省教育厅会同江西省地方税务局和江西省工商行政管理局联合颁布的《江西省普通高等学校毕业生自主创业优惠政策实施办法》(以下简称《实施办法》)。江西省教育科学研究所谭虎研究员在解释《实施办法》时提到五项大学生创业优惠政策：①大中专学校毕业生创办企业，可以享受《实施办法》中有关税收减免优惠和人才交流中心管理费用优惠等政策；②设立创业基金，资助自主创业者的先期投入；③创建创业项目库，帮助毕业生寻找创业方向和项目；④对在创业孵化基地创业的，自创办之日起，一年内减半缴纳房租费和水电费，三年内免缴物管费、卫生费、治安费；⑤强化服务职能，在办理营业执照、资金借贷、税收减免等方面，为毕业生自主创业提供全方位服务。

### （二）其他全民创业优惠政策

1. 创业指导咨询政策。各设区市劳动保障部门要成立创业指导中心，将创业服务延伸到街道社区和校园，免费为大学生创业者收集项目信息，提供项目开发、开业指导、创业培训、小额贷款、政策咨询一条龙服务。实施“开发万个创业项目，培育千个小企业”计划，建立创业项目的引进机制，大力发展连锁加盟项目，建立创业项目库等。

2. 大学生创业人员社保政策。自主创业大学生创业后享受一年社保补贴，使流动大学生创业者养老保险接续有保障。江西省对于未参保的自主创业者，将按城镇个体工商户参保政策参加当地基本养老保险。为鼓励自主创业人员创业，江西省规定，参保人员在不同统筹区域间流动，社保经办机构要及时为参保人员转移养老保险关系，接续养老保险。

3. 创业融资服务的政策。江西省鼓励设立创业投资风险基金，加大对大学生创业阶段小企业的信贷扶持力度，鼓励金融机构积极扶持劳动密集型小企业发展。处于创业发展阶段的小企业，贷款额度最高不超过 100 万元，并由再就业资金给予 50% 的贴息及对经办银行适当的手续费补助。

4. 创业孵化基地政策。鼓励和引导建立创业孵化基地，建立创业指导服务平台。江西省鼓励和引导有条件的地方在经济技术开发区、工业园区、高新技术园区开辟大学毕业生、留学回国人员初次创业基地或创业孵化基地，劳动保障部门会同有关部门提供“一站式”服务，以免费或低价租赁方式提供创业场地，教育、科研、经济等部门对小企业提供技术、信息、市场分析、政策咨询等服务。对各类社区创业项目，各地将统筹规划，在经营场地安排、优惠政策落实、创业资金等方面为创业人员提供便捷服务。

与此同时，健全政策落实机制，提高全民创业政策的执行力。如在省、市、县三级普遍设立行政服务中心和行政投诉中心，以方便群众和企业办事，提高服务时效。

政府部门的政策制定极大地激发了大学生的创业热情，也推动了高职创业教育的发展。江西经济正处于推动全民创业，加快富民兴赣大业的黄金期。要构建和谐平安江西，实现江西在中部地区的全面崛起，必须推动创业教育的发展。要以创业推动发展，以创业带动就业，以创业加快致富，以创业促进和谐。而开展全民创业的关键在人。在当代社会，资源概念已不局限于传统意义上的自然资源、资金、设备、一般劳动力的有形资源，以知识、技术、人力资本为核心的无形资源，越来越成为社会创新发展的根本要素。而这些无形资源恰恰是江西经济发展过程中非常缺乏的资源。在今后的发展中，江西要进一步推动全民创业，保持人口与经济的可持续发展，必须要提高人口总体素质，加快壮大本土创业力量。在江西大力推动全民创业背景下，开展创业教育比一般就业教育更为迫切。2005 年 7 月，江西省委教育工委、省教育厅出台了《关于贯彻落实全省领导干部会议精神的若干意见》，要求全省教育系统紧紧围绕经济发展中心，为推动全民创业、加快富民兴赣步伐提供强有力的人才支持和知识贡献。江西省内各大高职要以更新观念为先导，加大创新创业人才培养力度，调整专业结构和课程设置，更新教材内容，重点发展与江西经济建设和社会发展较密切的学科和品牌专业建设，培养教师开展创业教育的教学能力，把创业教育纳入国民教育体系，努力创建适应于江西区域特点的创业教育模式，着力培养一批具有现代经营管理理念、国际眼光的优秀企业家，培养一批高素质、高技能、专业化的实用型人才，把江西从人口大省变成人才大省、创业大省，为科教兴赣战略找到一个带动全局的突破口。推进江西高职投入“全民创业”大潮，实施全方位的创业教育，是培育和谐创业文化，实现江西在中部地区崛起的必由之路。

# 第三节 “互联网+”背景下创新创业教育的机遇与挑战

互联网经济自2003年以来在中国高速发展，网民不断增加，网民中以80后、90后为主，其中大学生占了很大一部分。大学生自身接受新事物的能力强，敢于创新，成为互联网经济中一支不可或缺的力量。就业形势的严峻使得很多大学生把目光投向了有着无限商机的互联网创业，加之互联网创业成本低廉，很多大学生积极参与其中。

## 一、互联网创业面临的机遇

### （一）政府出台一系列政策鼓励互联网经济的发展

在中国，积极发展互联网市场已经成为一股不可阻挡的洪流，政府大力支持电子商务的发展。党的十六大报告指出：“信息化是我国加快实现工业化和现代化的必然选择。坚持以信息化带动工业化，以工业化促进信息化的……新型工业化道路。”各级政府也为促进当地互联网经济的发展出台了一系列优惠政策，为大学生互联网创业提供了宽松的创业环境。比如，同年国家提出了《电子信息产业调整和振兴规划》，2009年浙江省教育厅下发的《关于对普通高等学校毕业生从事电子商务（网店）进行自主创业认定的通知》中，鼓励高职毕业生自主创业；2012年浙江省工商局已正式出台《关于大力推进网上市场快速健康发展的若干意见》，以引导当前持续高涨的互联网创业激情。这些政策都为大学生互联网创业提供了良好的政策环境。

### （二）互联网创业所需成本低廉

以网店为例。开办网店只需要少量的互联网注册费、制作网页费用、软硬件费用等，而不像一般的实体店，需要实体店租赁、水电费、雇用人员、营业税等一系列的经常性费用；另外，其生产成本也可以降到最低，因为卖家可以在接到顾客订单后，再向生产厂家订货，由生产厂家直接发货给买家，这就使得卖家彻底摆脱“积压货”的困扰，不需要生产成本进行销售。此外，使用病毒式营销推广、邮件广告、友情链接等免费的互联网营销方式，可以较低的营销成本达到较好的宣传效果。

### （三）互联网市场发展潜力巨大

首先，中国网民数量不断攀升。从中国互联网信息中心（CNNIC）发布的数据来看，截至 2012 年 6 月底，中国网民数量达到 5.38 亿，互联网普及率为 39.9%。2012 年上半年网民增量为 2450 万，普及率提升 1.6 个百分点。同时，随着近年来智能手机的普及，互联网购物在手机上就能实现。2012 年 6 月底，我国手机网民规模达到 3.88 亿，较 2011 年年底增加了约 3270 万人。网民可以利用工作学习的空隙实现随时随地消费，简单而快捷，网民的数量、消费次数也大大增加，互联网市场将进一步扩大。虽然与其他发达国家相比，中国的网民网购比例不算高，但这正好说明未来互联网市场的巨大发展性，互联网市场的潜力可见一斑。另外，互联网市场具有开放性，消除了距离障碍，打破了交易的地点限制，资源在全国甚至全球范围内流动，消费者可以根据自身的经济实力和喜好购买物品，资源得到了最有效配置。而现代物流业的迅速发展为互联网市场提供了强有力的支持。

### （四）互联网创业便于大学生发挥自身优势，学以致用

一方面，中国网民大部分为年轻人，思想相对开放，追求个性化。随着生活水平的提高，网民们的需求结构也发生了巨大变化，在满足了吃饱穿暖等物质需要后，更追求舒适、美观、时尚、个性等方面的精神享受。90 后的大学生是网民的重要组成部分之一。他们能从自身角度出发，积极地接受新鲜事物，大胆创新，从而敏锐地嗅到市场商机所在。另一方面，很多高职开设了子商务、互联网营销、网页制作等相关课程，老师们以实际案例教学，大大激发了学生们互联网创业的欲望。大学生学以致用，将课堂中的理论知识直接用到实践中，解决了互联网创业中的很多技术问题。

## 二、大学生互联网创业面临的挑战

### （一）国内大学生由于应试教育的影响，创新能力有限

大部分大学生因好的创意走上创业之路。但互联网发展瞬息万变，以“吸引眼球”为主要营利手段的互联网经济要求互联网企业推出更多、更好的创意。然而，大学生的创新意识和创造能力都是有限的，在离开了课堂学习而又不得不为企业发展的种种琐事所纠缠时，他们的创新能力和市场拓展能力也逐渐萎靡。同时，在高等教育中，大学生一般都处于象牙塔中，很少接受挫折教育，

直接导致很多传统职业（如公务员、事业单位）对这些在创业初期受挫的大学生吸引力增大。他们中很多人更趋向放弃创业，追求相对稳定、压力不大的工作。

### （二）从大学生整体综合素质上来讲，缺乏互联网创业心态，技能落后

互联网创业环境与传统市场环境相比更透明，竞争更激烈。与那些在职场上已经摸爬滚打过的人或已有创业经验的人相比，刚出象牙塔的大学生在人际关系、实践经验、管理意识等方面基本素质的缺乏显而易见。很多大学生的互联网创业灵感来自高职的电子商务大赛、挑战杯创业大赛，在比赛期间取得了优异成绩。但是一旦投入实践，大学生们都会遇到各种棘手的问题，经验不足、怕面对困难导致他们很容易放弃已经有所起色的互联网创业。

### （三）整个社会缺乏创业的氛围，支持度不高

从整个社会大环境来看，由于受我国传统文化中“学而优则仕”“轻商贱利”等思想的深刻影响，大多数人倾向于传统职业，对创业始终持怀疑态度，而对于创业过程中可能会出现的失败，大多数人也缺乏应有的宽容；从家庭来看，生于20世纪五六十年代的父母亲们由于经历了中国的“文革”和改革开放时期，更加希望孩子们能找一份稳定的工作，安安稳稳地过一辈子，而不是下海从事这些有巨大风险和压力的创业活动；从高职来看，虽然学校老师们鼓励支持学生的创业活动，举办各种电子商务大赛、创业大赛等，但这些仅仅停留在理论上，实践上的指导很少，甚至没有。大部分大学生迫于现实压力，都会选择考公务员、事业单位、考研等，这种文化氛围也极不利于大学生创业。

### （四）互联网创业发展所依靠的媒介——互联网存在很大的局限性

就网上购物来说，其局限性还很多。由于在网上看到的商品大多是实物的照片，一件立体的实物缩小许多变成平面的画片，商品本身的一些信息会丢失，直观性受到很大的局限。此外，电子商务的管理还不够完善，相关法律不到位，产生纠纷时很难处置，而电子商务发展中最大的障碍就是网上交易的安全性。曾有调查公司对电子商务的应用前景进行过在线调查，当问到为什么不愿意在线购物时，绝大多数人担心的问题是遭到黑客的侵袭而导致信用卡信息丢失。这些电子商务发展的瓶颈同样会制约大学生互联网创业的良性发展。

### （五）互联网创业后期，筹资困难

互联网创业后期，必然需要大笔的资金来支持其发展壮大。但就中国目前的情况来看，筹集创业资金相当困难。届时的大学生刚走出学校不久，少数学生仍然在学校念书，想要单纯靠自己的力量获得大笔的资金几乎不可能，所以必须求助于旁人。而目前我国的资本市场仍欠成熟，融资困难已成为不争的事实。对刚走出校门甚至还未毕业的大学生来说，融资更是难上加难。向银行借贷，程序烦琐，困难重重，所以大部分大学生将目光投向民间借贷，而民间借贷资金来源不稳定，很容易造成资金断链。互联网创业在我国是一个比较新的领域，且没有实体资产，因此融资环境比实体创业更差，这使原本创业融资的困难问题变得更加严峻。

# 第三章　高职大学生创新创业精神培养探究

## 第一节　大学生创业精神培育内涵及意义

### 一、大学生创业精神培育的内涵

由于创业活动的综合性和创业研究的学科交叉性，学界关于“创业”一词的定义至今没有达成一致，众多研究者从各个不同的视角对创业下过定义。

“创业”在上海辞书出版社出版的《辞海》中的解释为“创立基业”，《现代汉语词典（第7版）》中则将“创业”解释为创办事业。可见，我国对创业的定义大多从宏观角度出发。在大学生创新创业活动中的创业，大部分中国学者都是借鉴国外学者研究成果，从狭义角度对其进行理解。综合各家学者的观点，笔者认为大学生创业是指利用各种机会、资源挖掘自身潜力，在创造新价值的过程中实现自我价值的过程。这个过程考察的是学生的创业精神和创业能力。创业不仅指创立新的企业，在任何工作岗位上创造新的价值都属于创业活动。

#### （一）大学生创业精神的含义

创业精神起源于西方经济领域，“创业精神”一词来源于英文单词entrepreneurship，Entrepreneur的意思是企业家、创业者，来源于法文中的enireprendre，本意是指受命从事某一特定商业计划的个体。1983年，美国学者米特（Milt）提出具有创业精神的主体既可以是个人也可以是企业，奠定了创业精神在经济学领域的基础。经济学家约瑟夫·熊彼特将创业精神看作一股“创造性的破坏”力量。1985年，美国著名管理学家F. 德鲁克提出创业精神是一个有可能创造财富的创新过程，将这一理念更推进了一步。1985年，史蒂文森（Stevenson）在此基础上进行深入研究，提出创业精神不仅是创造新价值的过程，在这个过程中还要集中优势资源充分挖掘机会。1991年，斯图尔特（Stewart）则提出创业精神是通过引入新组合创造超过行业平均利润的收入，国外关于创业精神的早期研究注重个人（尤其创业者）特质，认为它与新组织的创造息息相关，突出由于个性特征创造新的价值。后来更多的学者从多角度对创业精神进行了阐述，认为它既是一种个性特征更是一种行为特征，个人和组织的发展都需要创业精神。

关于创业精神的理解国内学者更多是从国家角度出发。《马克思主义哲学大辞典》和《伦理学大辞典》中从国家层面对创业精神进行了界定，将其定义为在建设有中国特色社会主义过程中，用来进一步凝聚、激励人民群众，同心同德、克服困难、开拓前进，夺取改革开放和现代化建设新胜利的精神动力。从这一角度出发，创业精神是我国先进文化的重要组成部分，是推动社会主义现代化建设、实现中华民族伟大复兴中国梦的重要精神力量。我国关于创业精神的研究还处于起步阶段，主要借鉴国外的研究成果，学者们关于创业精神的理解众说纷纭，比较有代表性的观点有以下几种：

南京市社会科学院党委书记、研究员周直（2004年）认为，创业精神是一种勇往直前的文化伦理过程。在这个过程中创业者要善于捕捉机遇、敢于承担风险，为创造新的价值努力发挥创造力。在此基础上，周茂东、宋岩等人（2009年）提出创业精神是一个过程，是个体通过有组织的努力，以创新的方式追求机会、创造新价值的过程。他们都将创业精神界定为一种心理过程。于长湖等人（2010年）提出创业精神是一种思想观念和精神状态。骆守俭在2012年出版的《创业精神导论》一书中也肯定了这一思想观念。

李肖明（2011年）认为创业精神是创业者的个人特质，并从思想意识、心理学、行为学三个层次对其内涵进行描述：创业精神是一种思想观念、心理特质，也是一种行为模式。从这三个层次出发，创业精神有自信执着、主动坚强、包容柔韧、激情创新、稳健应变五种内涵。

骆守俭（2012年）认为，创业精神就是指成功创业的企业家所具有的一种独特的精神力量，是指以创新精神为指导，把创新观念转化为实战蓝图的思维操作意识，伍秋林等（2012年）认为，创业精神是一种人格特质，是创业的动力源泉和精神支柱，更是创业成功的前提。

由于创业精神研究是一个多学科交叉的领域，经济学、教育学、心理学社会学等学科的学者们出于不同的学科背景必然产生迥异的理解。笔者认为创业精神是一种指导人们利用现有条件充分发挥主观能动性，通过努力和创新，追求机会，创造更多社会价值的精神力量。创业精神是时代精神在就业和创业实践中的具体体现，表现为创业者的优良品质和社会组织的精神风貌，作为一种强大的精神力量，激励人们以创新的方式开创新的事业。大学生创业精神是指大学生在创新创业活动中所表现出的敢为人先、善于思考的创新精神，勤于实践艰苦奋斗的实干精神，追求卓越、永不止步的学习精神，坚韧不拔、知难而进的坚定信念。

创业精神培育是大学生创业教育和思想政治教育的重要组成部分，是高等教育改革的重要途径和新契机。大学生创业精神培育是高职引导大学生树立正确的就业创业观念，培养学生自主开创事业的意识，激发大学生的创业精神，使大学生形成创业品质，在理论与实践学习中不断提高创业能力，创造新价值的教育和培养过程。大学生创业精神的培养不仅需要理论知识的传授，更需要社会实践的锻炼，应该作为一种理念贯穿于高等教育与管理过程始终，引导学生在学习和工作中树立自信，秉承责任意识和坚定的理想信念，充分发挥创造性思维，积极主动发现新机遇、开创新局面，主动获得并增强成功创业所需的综合能力。

## （二）大学生创业精神的基本内容

1. 敢为人先、善于思考的创新精神

创业精神的本质是创新，开创事业是一个艰难的过程，必定要经历一番崎岖坎坷。大学生在创业过程中会面临很多机遇和挑战，尤其转型期的中国政治经济环境为创业者提供了成功的机遇，同时也蕴含了巨大的挑战和风险。大学生要想在事业上取得成功，求稳怕输、缺乏冒险精神是行不通的。有了冒险精神，在实践过程中敢为人先并不意味着要违背事物的发展规律去蛮干，而是对外在条件充分调查研究、深思熟虑后的大胆创新。敢为人先的创新精神不仅表现在追求成功的行动中，而且表现在敢于承担风险事业。

在创业过程中，只有善于思考，善于利用马克思列宁主义和中国特色社会主义理论体系这些思想武器，对错综复杂的社会现象进行思考，才能透过现象看到事物的本质，了解苦难的根源，找到解决问题、克服困难的途径和方法。实践证明，马克思主义唯物辩证法是科学的思维方法，学校要注重引导学生形成超常规探索和迎接挑战的思维方式，帮助创业者创造无限的可能。大学生要树立强烈的创新自信，敢于走前人没有走过的路。

2. 勤于实践、艰苦奋斗的实干精神

创业不是纸上谈兵，需要根据实际情况抓住机遇、分析问题、解决问题，提出新的思路，创造新的价值；需要踏踏实实地艰苦努力，勤于实践，在社会实践中艰苦奋斗，在增强能力和实力的基础上，不断提高自己的实干能力。大学生在成长、成才的过程中不仅要掌握书本知识，具备一定的理论基础，更要通过实践学以致用，不断积累经验。实践是检验真理的唯一标准，一定要勤于实践，不断在实践中体验真实感受。在创业过程中要发扬艰苦奋斗精神，尤其在从学生到职业人的转变初期，要勤于实践，善于果断、勇敢地抓住机会，积极争取社会资源，不断积累资金和经验，增强自身实力，勤于实践的实干精神是创业精神培育和践行的先导。在职业生涯发展过程中，需要用实践检验一切，自觉将思想认识从那些不合时宜的传统观念和做法的束缚中解放出来，不断有所发现、有所创新，不断赋予大学生就业创业观念以鲜明的特色和时代特征。

3. 追求卓越、永不止步的学习精神

追求卓越是开创事业的巨大推动力，开创事业的过程是一个在学习中摸索前进的过程，学习贯彻于创业过程的始终，并动态地影响着事业发展的绩效和成长。在创业过程中善于学习、坚持学习是事业取得竞争优势的关键。在急剧变化的社会环境中不断追求卓越，要让前瞻性的眼光和思维与变化着的环境保持协调一致，主动适应环境，不断更新观念，始终做到“与时俱进”。在多元社会中永不止步，就是要树立“终身学习”的观念，坚持自主学习，使自己具有科学的思维方式和宽阔的文化视野，在学习中善于思考，注重理论联系实际，对整个文化环境进行整合与创新，才能在激烈的市场竞争中立于不败之地。

4. 坚韧不拔、知难而进的坚定信念

列宁说事物的发展是按照螺旋式前进的，事物发展的基本方向和趋势是前进的和上升的，但是具体方式并不是直线式的，而是在迂回中前进的。创业是一个不断摸索创新的过程，大学生在创业初期由于知识结构单一、技能不强、社会经验不足、社会资源缺乏，不可避免地会遇到很多困难和挫折；这就需要创业者有顽强的创业意志和坚定的创业信念，自信地面对挫折和失败，时刻保持创业激情，并不断提高承受失败和挫折的能力。因此，大学生创业精神的塑造要注重心理素质的培养，引导大学生树立坚定的创业信念和坚韧不拔的意志品质，培养大学生勇于面对和超越逆境的能力。

### （三）大学生创业精神培育的含义

创业精神培育是大学生创业教育和思想政治教育的重要组成部分，是高等教育改革的重要途径和新契机。在国家推进大众创业新引擎发展的新形势下，高等教育将创业精神纳入教育体系和培养目标，注重学生综合素质和创新思维的培养，逐步改善传统人才培养模式。大学生创业精神培育是高职引导大学生树立正确的就业创业观念，培养学生自主开创事业的创业意识，激发学生的创业热情，使学生形成创业品质，鼓励学生在理论与实践学习中不断提高创业能力，创造新价值的教育和培养过程。大学生创业精神的培养是一个系统化工程，不仅需要理论知识的学习，更需要创业创新实践的锻炼和社会家庭的支持和包容，它并不是让每个学生都创办新的企业，而是以创业精神面对学习、生活和工作，不断创造新价值。创业精神应该作为一种理念贯穿于高等教育与管理过程始终，引导学生在学习和工作中树立自信，秉承责任意识和坚定的理想信念，充分发挥创造性思维，积极主动发现新机遇、开创新局面，主动获得并增强成功创业所需的综合能力。

## 二、大学生创业精神培育的意义

习近平总书记指出，中国梦的实现必须弘扬中国精神，大学生创业精神是以改革创新为核心的时代精神的重要组成部分，也是时代精神在大学生群体中的具体体现，在知识经济时代，人力资本已经成为发展经济的第一资源。创新是知识经济的灵魂，更是知识经济对现代意义上的人才提出的新要求。大学在全球产业竞争中具有战略性地位，大学生作为现代和未来的人才储备主力，必须具有创业精神、实践能力和创业能力，加强大学生创业精神培育对学生自身价值的实现、高职教育体制改革、社会经济改革和发展具有深远的现实意义。

### （一）大学生个人价值实现的现实需要

依据马斯洛需求层次理论，人在自然和社会发展中有各种需求，在满足生理性需求的基础上不断提高发展性需求层次自我实现是人类需求的最高层次，也是人类毕生的追求，这是充分发挥和实现自己潜能的一种趋势。大学生在实现个人价值的过程中，要具备与其追求相匹配的品质和能力。创业精神作为一种精神动力，鼓励学生敢于冒险突破自我，发挥创造性思维，积极开创新局面，在生涯规划与发展中最大限度地发挥自己的才能，实现个人价值与社会价值的统一。高职基于学生个人特质培养创业创新型人才，帮助大学生树立新的就业创业观念，引导学生积极参与创新创业活动，提高创新创业能力，有利于促进学生个性化发展和综合素质的提高，实现自身全面发展。

### （二）高职教育体制改革和发展的内在要求

高等院校要实现可持续发展必须不断适应市场需求，提高服务社会的能力、高等教育进行教育体制改革就要不断更新教育观念、变革教育模式和教育体系，逐步实现从重知识到重能力的转变，提高人才培养质量，加速理论知识、科研成果向社会生产力和发展力的转化。在大学生群体中开展创业教育，培育具有创业精神的创新创业型人才，要求高职打破传统教育理念和教育体制的束缚，创新教育理念与模式，引导学生积极参与创新创业实践，加速理论创新向实践创新的转化速度。这也是实现高等教育改革目标的重要环节，是高等教育改革和发展的必然选择和内在需求。同时，培育大学生创业精神是高等院校适应社会发展的必然结果，中国特色社会主义市场经济的发展处于转型期，我国经济结构的调整导致对人才需求的结构发生重大变化，社会对知识密集型新兴服务业人才的需求不断增大，中国新阶层队伍的数量和质量需要进一步发展壮大。高等院校作为人才培育的主要基地，必须注重创业型人才的培养，不断提高大学生群体的创业精神，全面推进素质教育。

### （三）全面深化改革建设创新型国家的客观要求

创业精神是创新创业活动发展的动力和源泉，要推动科学技术理论与创新创业实践向社会生产力转化，还要培育具有创业精神的创业创新型人才，促进科技创新和管理创新，实现经济发展方式的多元化，从而加速经济发展方式的转变，推进产业结构优化升级，形成创业友好型经济发展环境。在当前就业岗位有限、就业形势严峻的情况下，创业精神培育成为解决就业问题的根本出路。创业精神能够引导大学生树立创业型思维观念，在就业过程中更快摆脱进入体制拥有“铁饭碗”的传统思维，在工作岗位上勇于创新、实干，充分利用资源开创新的事业，不仅为社会创造了更多的就业岗位，还提高了全社会的生产效益。培育创业创新型人才，为经济发展和社会进步提供人才支持和智力保障，是贯彻落实党的十八大创新驱动发展战略，加快完善社会主义市场经济体制和加快转变经济发展方式的迫切需要，有利于推动整个国民经济的繁荣发展，我们要加强大学生创业精神培育，拓宽思维路径，树立创新观念，增强创业意识，激励大学生积极投身于践行创业精神的伟大实践中；用创业精神凝聚力量，激发活力，扩大创业队伍，增强经济发展动力；大力培育创业精神，牢牢把握创业教育的精髓，唱响大学生职业生涯规划的主旋律，才能传承中华民族艰苦奋斗的精神实质，不断拓展中华民族追求卓越、自强不息的精神内涵。

## 第二节　当代大学生创业精神培育的历史发展

我国创业活动和创业精神有很深的历史渊源。近代创业精神萌芽于资本主义商业，由于我国特殊的国情，近代史上的创业精神一直与中华之崛起息息相关。中华人民共和国成立后，我国实行高度集中的计划经济体制，人们的创业精神受到抑制，改革开放让中国的创业精神重新焕发光彩，创新创业活动开始恢复和发展。当时影响较大的有苏南乡镇企业创业精神、大庆创业精神。20 世纪 80 年代，我国新旧交替的经济体制，迫使创业精神在政治过度参与的情况下艰难发展,. 这一时期创业精神的内涵主要是艰苦奋斗、自力更生。创业精神培育工作尚未受到重视。1989 年，联合国教科文组织在世界高等教育大会上首次提出创业精神，针对就业问题的解决，提出了“创业教育”的概念。20 世纪 90 年代初，现代意义上创业精神和创业实践开始得到人们的关注。

### 一、大学生创业精神培育的发展历程

创业精神根植于我国传统文化，尤其是艰苦创业贯穿我国历史发展始终，现代创业精神培育是高等院校创业教育的重要组成部分，在创业教育发展中逐渐脱颖而出。《21 世纪的高等教育：展望与行动世界宣言》中明确提出未来的学生不仅要有能力成功就业，更要逐渐增强为社会创造工作岗位的能力；在高职教育中要注重增强创业精神，不断提高学生的创新创业技能训练，将其作为一项重要任务纳入教育改革。其后，联合国教科文组织要求各高职在教学中突出创业精神的基础地位，注重学生综合素质的提升，加强社会实践、重视技能开发。在国际环境的影响下，创业精神培育开始作为教育目标进入我国高等教育领域，并经历了萌芽时期、初步发展、全面发展三个发展阶段。

### （一）萌芽阶段：以创业活动激发创业精神

20 世纪末，伴随着非公有制经济的发展，创业学开始得到关注，并逐步从经济领域发展到教育、文化领域，我国大学生创业精神培育在创业学和创业实践的开展中，开始进入人们的视野。这一时期创业精神培育附属于创新创业活动的实践，大学生创业精神开始在创业活动中萌芽。

这一时期高等院校创新创业实践活动的蓬勃发展，在很大程度上激发了大学生的创业精神，越来越多的高职和大学生积极参与到创业实践活动中。与此同时，创业精神也开始得到教育系统的关注。20 世纪末，《中共中央国务院关于深化教育改革全面推进素质教育的决定》（以下简称《决定》）出台，文件中明确要求，高等教育要深化体制改革，改变传统教育中只重知识、成绩的现状，培育创业精神，更加注重社会实践能力培养和创新能力的锻炼，首次将创业精神培育列入高等教育体制改革目标之中。这一时期我国关于大学生创业精神培育的研究成果虽然罕见，但是国家提倡艰苦创业的社会环境、高等教育全面推进素质教育改革的决定、蓬勃发展的创业实践活动为创业精神的发展创造了良好的环境。

### （二）导入阶段：以创业能力培养为重点带动创业精神

20 世纪 80 年代末，面向 21 世纪教育国际研讨会在北京召开。在国际环境的影响下，大学生创业教育作为新鲜血液注入我国高等教育体系并有所发展，20 世纪末，我国以创业实践为主的创业教育活动得到了很大发展，但是进入 21 世纪创业教育才正式作为教育内容被纳入高等教育体系中。21 世纪的第一个 10 年，我国创业教育创业能力的培养是重点，这一时期创业精神作为创业教育的一部分，开始得到人们的关注。

这一时期，创业教育的重点是创业能力的培养，大学生的创业精神在创业课程开展、创新创业实践活动中得到提升，但是创业精神培育工作作为创业教育的附属，没有实现突破性发展。

### （三）全面发展：以创业精神指导创业教育的开展

经过 10 多年的探索，更多的大学生逐渐摆脱传统观念的束缚，以创新、实干的创业精神开创新的事业。分析针对 2010 届毕业生发布的《2011 年中国大学生就业质量报告》中新增的“自主创业所需能力和知识”的数据可知，我国以能力培养为重点的创业教育初见成效。2010 年，教育部创业教育指导委员会的成立标志着我国创业教育经历了萌芽、导入阶段，进入快速发展时期，创业精神开始作为独立的个体得到人们的关注。

2012 年，教育部下发《普通本科学校创业教育教学基本要求（试行）》的通知，明确提出将培育创业精神作为教育内容。我国高等教育创业精神培育工作发展势头良好。党的十八大首次将鼓励创业纳入了我国的就业政策，并强调在高等院校完善毕业生就业工作，鼓励多渠道、多途径就业，旨在强调引导大学生树立“大创业观”，以创新、实干、追求卓越、坚忍不拔的创业精神和意志品质面对未来的工作和生活；着重提出加大创新创业人才培养支持力度，鼓励青年转变就业观念，投身于开创新事业的大潮。这就要求高职注重创业精神培育工作，开拓毕业生就业思维，鼓励创新创业。在创业教育开展过程中，国家更加注重意识形态领域即创业精神的培育，并且从体制机制、政策及支持服务体系角度保障创业精神培育工作。我国创业精神培育工作逐渐摆脱“附属”地位，作为独立的体系得到关注，高等院校开始将精神培养纳入教育目标，指导创业创新实践活动的开展。

## 二、当代大学生创业精神培育的基本经验

虽然我国创业精神培育工作尚处于起步阶段，但是伴随着创业教育的发展已有 20 余年的历史，精神培育与创业教育的全面开展更是息息相关，在创业教育探索过程中为创业精神培育体系的建构提供了很多经验。

### （一）国家重视大学生创业教育和创业精神培育

20 世纪末至今，我国创业教育工作一直在政府的指导下发展，中华人民共和国、财政部、发展和改革委员会等各个部门从自身职能出发，为创业创新实践活动的发展营造环境、创造条件。一方面，党中央和国务院出台一系列鼓励大学生创新创业的政策，要求高等教育重视学生创业能力的培育和精神的培育，并将其纳入教育改革目标。另一方面，召开专门的创业教育工作会议，召集全国专家为创业精神培育和能力培养建言献策，通过试点工作切实推进高职创业教育实践的发展，促进大学生思想观念的变革。2012—2014 年国家更是专门发布了《普通本科学校创业教育教学基本要求》《国家鼓励普通高职毕业生自主创业政策公告》等文件，前者对高职开展创业教育具体目标、原则、内容、教学组织等方面提出要求，后者从放宽市场准入条件、享受资金扶持政策、实行

税费减免优惠、提供培训指导服务等方面逐渐放宽条件，鼓励高职毕业生自主创业。我国形成了国家引导的教育方式，国家通过政策法规为创业精神的萌芽、导入、快速发展创造了保障条件。我国通过政策指导、放宽市场准入、营造开放包容的环境，引导学生逐渐放下思想包袱，拓宽就业路径，以创业精神开创新的事业。

### （二）高等学校重视和落实创业精神培育工作

各高职积极贯彻落实中华人民共和国政策，注重大学生创业教育和创业精神的培育工作，从人才培养和学校发展的高度，制订了相应的创业教育规划；结合学校实际，重点推进创新创业工作，将创新创业纳入人才培养体系，贯穿人才培养全过程。例如，山东大学“培育创新意识、培养创造能力和锻造创业精神”的“三创”思维模式，构筑了较为完善的学生创新创业教育体系，以不断创新和不懈地努力呵护着学生的创造激情，着力培养和造就具有“创新意识、创造能力、创业精神”的创新型人才。同济大学着力建设大学生创新创业教育平台，将其纳入整个学校教育体系，将思维意识的树立、精神的培养、创新创业能力的提高渗透人才培养的各个环节。在教育目标指导下，各高职调整、改革课程体系，设立支持大学生创新创业组织平台，创新创业教育逐渐向大众化、专业化发展，为我国创业精神培育创造了良好的环境。高职重视创业教育工作，将加强创新创业教育作为教育改革的重点面向全体学生开展创新创业教育，逐步探索出符合校情的创新创业培育体制机制，在教育实践活动中带动了创业精神的发展，为创业精神培育体系的建设奠定了基础。

高等学校将创业教育纳入教学设计，把精神培育确立为人才培养目标，贯穿了人才培养过程始终。通过创业课程、创新竞赛、互动式专题讲座、学术沙龙、主题文化课、创业实验计划和创业训练计划等活动培养学生创业精神和创业能力。对现有课程体制进行调整和改革，积极整合各种校内外资源，为大学生开展内容丰富、形式多样的创业教育活动，创建实践基地。近年来，北京航空航天大学实现了“对创业素质全覆盖、对各个专业全覆盖、对所有年级全覆盖、对校内校外全覆盖”的创业人才培训模式，超过 4000 名学生从中受益。上海交通大学始终坚持“面上覆盖”和“点上突破”的原则推进创业教育，注重学生创业精神和创业品格的培育，依托“创业学院”面向全体学生提供创业教育平台与培训在开设创业通识教育课程的同时，对重点群体展开专业辅导、创业资金等方面的支持服务工作。

# 第三节　当代大学生创业精神培育存在的问题及原因

新时期，我国形成了以爱国主义为核心的民族精神和以改革创新为核心的时代精神、引导我国的改革和发展。大学生群体是一个身体成熟、心理半成熟的群体，他们富有理想，充满激情，敢冒风险，却缺乏承担风险的勇气和能力；他们思维活跃，善于实践，崇尚标新立异，却缺乏艰苦奋斗和坚韧不拔的意志品质，转型期社会政治经济环境使大学生出现了忽视精神价值的现象，但总体而言，当代大学生创业精神现状的主流是积极向上的。

我国自 20 世纪末开展创业教育和创业精神培育工作以来，取得了一定的成果：创业精神培育得到国家和教育体系的重视；各高职积极开展创业教育，培育创业精神，提高创业能力；大学生树立正确的就业创业观念，积极参加创新创业活动，在工作岗位上发扬创业精神。我国创业教育和创业精神培育工作发展态势良好，但是与我国快速发展的政治经济还有一定的差距。

## 一、当代大学生创业精神培育存在的问题

我国大学生创业精神培育尚处于起步阶段，在学生的教育目标中并没有把创业精神作为一种需要。学生在大学教育中获取的意识和行为特征，也就是在意识层面上，国内大多数高职对其重视不足。在创业教育研究中，重能力培养、轻精神培育，研究对象忽视个性化和主体化，培养目标和内容不明确，培养路径缺乏系统性和整体性，我国相对落后的创业教育和创业精神培育体系难以满足“创业者”个体需求和社会发展的要求。

### （一）高职对创业精神培育工作落实程度参差不齐

我国对现代创业精神和创业教育的认识迟、起步晚。自 2002 年我国开展“创业教育”试点工作以来，中国人民大学、北京航空航天大学等高职将创业教育和创业精神培育纳入教学体系，在机制保障、政策鼓励、课程体系、丰富教育活动、搭建创业实践平台等方面成效显著。大学生在这样的教育目标和教育环境下，创新创业意识不断增强，实践活动能力得到提升，创业精神在就业创业活动中得到了很好的体现。其中，山东大学高度重视培育创新创业文化，通过

各项制度、多种举措，切实为学生创新创业培育肥沃的土壤，1999—2013 年创新创业大事共计 31 项。上海交通大学努力“使创新成为凝结在交大学子血液中的一种精神，使创业成为交大学子生命中的一种力量的迸发”。

但是最近一项针对 20 所高职发放的近 2000 份调查问卷显示，25% 的受访青年希望进入体制内工作，青年对体制内向往的首要原因是能够拥有稳定的“铁饭碗”。其中，分别有 71.1%、39.4%、38.3% 的青年将“稳定”“亲朋好友建议考，同学都考”“就业难，找不到更好工作”作为考虑因素，这些数据反映出青年求稳怕输、盲目从众、创新精神不足的现状。参与调查的同济大学、复旦大学学生公务员报考率分别为 11% 和 16%，远低于高职平均值 25%。2014 年的一项调查显示，我国“211”高职的毕业生在就业过程中最关注的单位形式前四名为央企、外企及港澳台资与合资企业、民营企业、国企比例分别是 24.6%、18.2%、16.5% 和 14.7%。通过横向比较，“211”大学毕业生就业更倾向于民营企业和科研机构，其比例均显著高于其他学校类型。依据各高职近两年的就业质量报告，在创新创业方面，“211”大学与其他类型高职差距较大，我国精神培育工作缺位的现象普遍存在，高职对创业精神培育认识不足、重视不够、落实不到位，创新创业教育发展极为不平衡。

2014 年中国大学生就业质量报告中显示，2013 届大学毕业生自主创业最主要的动力是创业理想，加强创业精神的培养是提升大学生创新创业的有效途径。

### （二）高等院校创业教育缺乏制度化体系

目前，大学生创业精神培育和创业教育尚未被纳入正规的教学体系。在科研方面创新创业教育科研力量严重不足，创业教育和创业精神培育缺乏坚实的理论基础，难以上升到理论学科层面。面临全面深化改革的重要战略机遇期，我国发展创新型国家需要创业精神的支撑和指导。现有教育体制下的学生知识结构和综合素质难以满足开展创新创业实践的需求，创新创业实践的综合性与大学生知识结构的专业性相矛盾，高等学校创业教育涉及教学体制和学生培养模式的改革，需要一个漫长的探索过程，在探索过程中亦需要创业精神作为支撑。创业课程体系建设处于起步阶段，课程内容局限于“大学生创新创业基础”“大学生创业教育理论与实践”等综合类基础课程，缺乏专业化、系统化专门教材；授课过程注重理论知识的传授，忽视学生创业意识和创业能力的锻炼；创业教育师资力量严重不足，教师积极性不高、专业水平低，在大学生职业生涯规划指导中注重就业、忽视创业。国内大多数高职忽视创业精神及其培育工作，在相关教育活动的开展中重能力培养、轻精神培育，重知识灌输、轻社会实践。我国创业精神培育的规范化、学科化、体系化还很薄弱。

创业实践活动是大学生创业精神培育的重要途径，众多高职通过开展“挑战杯”等科技竞赛、搭建创新创业平台和孵化基地等方式激发大学生的创业精神，夯实大学生的基础知识，提高大学生的综合技能。我国高职开展创新创业实践活动虽然得到了重视，但尚处于起步阶段，有待进一步普及和深入发展，我国高等教育创业精神培育与创新创业教育发展势头良好，但是在科学研究、教育内容和教育路径等方面还有很大的提升空间，没有形成制度化、系统化的培育体系。

## 二、当代大学生创业精神培育存在问题的原因

### （一）我国政治经济体制束缚创业精神培育工作

我国古代实行专制统治的中央集团，发展小农经济，“重农抑商”的思想根深蒂固。1949 年以后，我国长期实行计划经济体制，“铁饭碗”的存在使人们对国家社会滋生了依赖心理，形成了求稳怕输、不敢冒险的价值观念和思维方式。改革开放以来，我国开始实行社会主义市场经济体制，处于转型期的社会经济体制使人们的思想观念和思维方式发生了巨大的改变，脱离体制、自主创业越来越得到社会的接纳、包容和支持，国家也出台相关政策鼓励创新创业，培育创业精神，当前我国政治体制改革滞后于经济体制改革的现状，不仅阻碍了社会主义市场经济的发展，也束缚了创业精神及其培育工作的开展。我国不断深化政治经济体制改革，释放制度红利，为创业精神的发展及其培育工作创造了条件。

### （二）传统观念根深蒂固，禁锢创业精神发展

古代中国虽不乏创业精神，但作为一个封建传统国家，人们的思想深受儒家传统文化的影响，“学而优则仕”的观念深入人心，寻求稳定的传统意识根深蒂固。与国家社会因素相比，家庭因素在大学生创业精神落实中明显地发挥了更重要的作用。《大学生创业调研报告》显示，受访者的创业想法 30% 来源于家庭影响，24.2% 来源于朋友影响，21% 来源于传媒影响。家庭是大学生的第一课堂，对大学生创业精神培育有重要的启蒙作用。众多家长对稳定、安

逸环境的强烈偏好，对独生子女的“呵护”式教育，不利于大学生创新精神、艰苦奋斗精神、坚韧不拔意志品质的养成，也对高职开展创新创业教育造成了阻碍。在高等教育阶段，我国传统教育理念和教育体制也束缚了创业教育和创业精神的培育工作的开展。我国经济、政治、教育等方面的体制机制影响着我们对创业教育和创业精神的认识，更决定着我国创业教育和创业精神培育工作的未来。

### （三）高等教育资源有限、分配不均

创业精神培育是一个系统化工程，通过开展创新创业教育，培育创业精神需要一个漫长的过程。在创新创业教育过程中涉及经济、管理、心理等众多学科领域，需要综合性的理论知识。开展创业精神培育工作，需要众多学科领域的专家学者共同合作进行科学研究，需要创业教育和创新创业实践活动的积极开展，更需要国家社会的政策、资金、技术支持。我国创业精神培育和创业教育中所具备的人力、物力、财力资源有限，难以支撑创业教育的学科化发展和创业精神的宣传和培育工作。虽然我国部分高职重视创新创业研究，积极开展创业教育和创业精神培育工作，锻炼学生创新思维，鼓励学生形成创业意识，以创业精神面对今后的生活和工作。但是优势资源主要集中在重点高职，普通高职、职业院校、民办院校等高等院校在资金、技术、师资等方面资源有限，很难满足开展创业教育和创业精神培育工作的需要，当前，中国独特的转型经济背景为大学生开创事业创造了无限的可能性，我国经济结构优化调整、发展方式转变、产业结构升级等因素派生出众多新职业、新行业和新阶层，为大学生多渠道、多元化就业创业创造了条件，为大学生创业精神培育提供了契机。国家重视创新创业精神培育，出台政策法规鼓励大学生的创业精神，但是形成对创业精神接纳、支持和积极参与的社会环境需要长期积淀。高等教育实现跨越式发展，造就基础宽阔、具有创业精神和创业能力、能够适应未来社会经济发展的创业创新型人才是高职义不容辞的责任。

# 第四节　国外大学生创业精神培育经验及启示

## 一、国外创业精神培育的实践经验

在美国、英国、加拿大和澳大利亚等西方发达国家创业精神无处不在，它作为一种生活方式和生活状态融入人们的生产和生活。为激发和培育学生的创业精神，各国教育系统致力于使大学生树立创业意识、提高专业技能。创业教育在欧美的发达国家历史久远，发展至今已颇具规模并取得了令人瞩目的成绩。

### （一）美国：以冒险精神为核心的创业精神

美国的创业教育背景和历史与其商业意义上的创业和商品经济发展同步，其创业精神以冒险精神为核心。培育工作始于 20 世纪 40 年代哈佛大学开设创业精神的课程，早在 20 世纪 60 年代初，美国就建立了一整套培育体系，60 年代后期开始进行创业学教育研究，80 年代进入知识经济时代，大学的创业教育和大学生的创业活动开始活跃。美国有鼓励青年创业的传统，崇尚冒险的社会环境、完善的社会保障体系、社会风险投资参与都为青年创业精神的培育奠定了基础，为创业活动创造了良好的社会氛围。

美国从小学到研究生都具备正规的创业教育，创业类课程覆盖了从小学到研究生的所有阶段。大学阶段的创业教育采用体验式教育模式和分层次模块化课程结构，以教学对象的需求为依据进行课程设置，在基础学习阶段都要参与创业教育的通用模块；针对不同情况和要求，对学生进行分类指导，并制定了相应的评估原则、评估类型和评估方法。这种极具个性化的教育模式，无疑极大地促进了美国创业精神的发展。此外，美国创业基金机构、企业等社会组织以赞助形式支持创业教育师生组织的活动，通过提供经费、开发课程、提供众多的体验式教育的实习机会等形式为创业教育的发展和完善提供了动力，在这样开放的社会环境和教育模式下，很多大学生选择创业都是出于“专注于所长”的精神，为此不惜冒险辍学创业，这种情况普遍存在。

### （二）英国：以政府为主导的创业精神培育工作

在英国，创业精神无处不在，它是一种生活方式和生活状态，引导着学生从不同的角度观察世界。英国注重创业精神培育工作，提出“青年创业计划”，以政府为主导，主要体现在设置商业课程和成立创业中心。政府从中学开始就开设商业课程，并于2005年起要求所有12~18岁的中学生必须参加为期两周的商业培训课程，此外，为推动大学生创业精神培育工作，英国政府实施创业技能计划、创立科学创业中心、启动重要项目，创业中心由政府出资设立负责管理和实施创业教育。该中心旨在将创业融入大学传统教育之中，通过开展创业教育、加强与产业界联系、支持创办企业、鼓励技术转化等方式革新大学文化和科研环境，培育创业精神。

英国高职普遍注重创业教育，认为大学有义务担负起培养大学生创业精神和创业能力的责任，根据英国国家大学生创业促进委员会研究与教育部主任提供的数据，英国有96%的高职开展了大学生创业教育，以英国的诺丁汉特伦特大学为例，该校学术开发和研究常务副校长Peter Jones认为“培养大学生的创业精神，这是大学的责任”。学校重视学生的创业教育，设立了商业孵化器并在当地企业家的支持下使140个大学生创业项目落地。为了培养学生的创业精神，学校不提倡为学生提供创业资金，旨在引导学生树立创业主体意识，在创业过程中自我摸索。为进一步推动高职创业教育和大学创新创业，英国高职注重和美国、丹麦等国家相关机构开展合作。

### （三）日本：以危机为契机的船业精神培育工作

日本摆脱危机成为经济大国很大程度上依托创新创业能力，其中很重要的一条经验就是注重创业精神培育、普遍开展创业教育。早在20世纪末，日本国会就提出从小学开始实施就业和创业教育，将高等院校视为培育的主阵地，自此，从学校到国家层面，各类创新创业竞赛方兴未艾，教育系统将创业竞赛中的经验进行总结提炼，并将其融入高等学校创业教育。日本将创业教育相关课程设为必修课，课程依据众多公司的能力框架设置，在一定程度上实现了产学的良性结合；注重创业过程教育，倡导体验式教学；注重家庭教育在孩子自主意识方面的重要作用，为孩子提供创业精神培育的启蒙教育。此外日本的创业精神培育体系还有大学普遍设立的创业支援机构、大学风险企业计划，为日本摆脱经济危机、培育创业精神和创业能力提供了有力的支持。

### （四）印度：从问题出发的“自我就业教育”

与我国同为发展中人口大国的印度，在创业精神培育与大学生自主创业教育方面亦有很多突出特点。1982 年，印度政府成立了国家科技创业人才开发委员会，全面实施科技创业人才开发计划，将大学生创业精神培育作为工作重点。印度于 20 世纪 90 年代提出“自我就业教育”的概念，注重大学生创业精神培育，鼓励学生独立自主开创新的事业。印度创业精神培育从问题出发，依靠课堂教学开展素质教育，直接采用国外原版教材，教育内容涉及创业过程中所需的各方面知识，教育过程突出自主性，学校和政府参与较少，基本由教师组织。学生积极成立各类创业社团，组织创业和创新活动。印度发达的软件行业和强大的自主研发能力，与其注重创业精神培育和创业能力培养关系密切。印度的竞争激烈程度和印度市场上原创品牌的数量，都是世界上任何一个国家难以比拟的。

此外，德国的“模拟公司”、瑞典注重实践教学的创业教育等创业精神培育工作，虽然都是基于本国的政治经济实力和社会背景开展的，但同样值得我国在探索创业精神培育工作的过程中进行学习。

## 二、国外大学生创业精神培育的启示

创业教育在西方发达国家由来已久，基于西方的政治经济环境和社会条件，大学生普遍具有创业精神。高职鼓励在校大学生的创业精神，并创造条件营造有利于创业精神培育的校园环境。例如，开设有关课程，配备优良的师资队伍，搭建创业平台，通过全社会的共同努力，他们的创业精神培育工作取得了良好的效果，并积累了宝贵的经验，对我国创业精神培育有很好的启示。

### （一）教育系统重视学生创业精神培育工作

创业精神是以改革创新为核心的时代精神的重要组成部分，也是中国精神在大学生群体中的具体体现。提高大学生创业精神，培养更多创业创新型人才，促进科研成果向社会生产力转化，不仅有利于我国素质教育的发展，而且对经济结构调整和经济体制改革的进一步深化有深远的影响。因此，教育系统要更新教育理念，重视学生创业精神培育工作。美国科学院院士、麻省理工学院教授莱斯特·瑟罗认为，美国经济发展实力和科研能力在世界上立于不败之地，关键在于对创业精神的重视和创新创业人才的培养。高等学校作为创业精神培育的主阵地，要将创业精神和创业能力的培养纳入学生培养目标，制定各教学环节的质量评估标准，使其融入思想教育和专业教育，制订创业创新型人才培养方案；同时加大教育宣传力度，提高全体师生对创业精神培育工作的重视，营造浓厚的创业教育氛围。

## （二）高职建立健全创业教育和创业支持服务体系

为了提高青年学生的创业精神，欧美等发达国家已经将创业教育纳入国家教育体系之中，并逐渐形成了完善的教学研究和教育实践体系，在中学到大学形成了正规创业教育体系。

从教育模式看，美国实行“学分制”和体验式的教育模式，根据学生的情况将课程分类设置，对学生进行分类指导。此外，美国的社会组织和企业为大学生创业提供资金、课程以及体验式教育实习机会等赞助，为创业教育的发展创造了条件。新加坡将创业教育视为专业教育，在应届毕业生和有志创业的在校生中招收学生，实行文凭式教育。印度则围绕解决就业问题，开展素质教育，提高大学生的综合素质和就业创业能力。

在课程设置方面，欧美国家重视对创业学的研究，众多大学培养创业学的博士、设置首席教授。在教育内容方面，他们十分注重学生创造力的塑造，充分调动学生的积极性和主动性，训练学生的想象能力和标新立异的思维方式，激发学生潜在的创造力。日本凭借高新技术产业成为经济大国的一个重要原因就是注重青年学生创业精神的培养、普遍开展创造力开发教育。为了提高创业教育质量，欧美各国十分注重创业教育教师的选拔与培养，创业学教师大多曾经有过创业或多年从事企业管理工作的经历，有着丰富的创业实践经验。

高等学校完善的创业支持服务体系为发达国家创业精神培育做出了突出的贡献。发达国家特色鲜明的创业教育机构专注于创业教育和知识技术的转化，设置专项资金，开展创业教学，提供专业咨询，为大学生创业提供优质服务。例如，成立于1978年的美国第一个创业研究中心——百森商学院创业研究中心，主要致力于创业教育研究、课程研发和师资队伍建设。因企业孵化运作和科技园计划而出名的得克萨斯大学的创新创造与资产研究院和仁斯利尔理工大学的创业教育中心。名目繁多的创业计划大赛和鼓励开放、创新的校园文化环境，亦在大学生创业精神培育和创业能力培养中发挥了重要作用。

曾经有调查数据显示，我国对创业教育工作认识迟、起步晚，与欧美发达国家差距大，为了培养适应经济时代发展需求的青年学生，我国必须对现有教育体制进行调整和改革，逐渐建立健全学校创业教育体系，促进大学生创业精神培育工作。

### （三）全民参与的创业行动

高职创业精神培育是一个受多个内外因素影响的有机统一整体，不仅涉及高职内部教育管理活动，还涉及政府、社会、家庭和学生等多个因子。国家在全国范围内鼓励创业，出台优惠政策，提供专项资金，建立完善的创业保障体系。例如，成立专门的管理机构管理大学生创业教育和创业精神培育工作，促进了商业、学校、社会组织和学生之间的联系，提高了学校内部的创业文化建设。由美国的高职、公司、非营利机构和政府机关合作开展的“卡迪拉克计划”在美国 700 多所院校展开，约有 25 万名大学生参加，在校大学生定期到机构中参加工作实践，使学生在课堂上所学到的理论知识在实践中得到应用和检验。政府倡导创业精神，通过制度建设创造条件，家庭、企业及其他社会组织能够营造宽松的社会环境。社会环境对创业失败的宽容态度能够鼓励大学生创业并愿意承受创业的挫折和失败，用实际行动提升了创业能力。

# 第五节　当代大学生创业精神培育的优化策略

培育大学生的创业精神并不是要求人人都去创办企业，而是要教育、引导大学生树立创业意识，以敢于冒险、善于实践、追求卓越的精神面貌和坚韧不拔的意志品质面对生活和工作，我国的创业精神培育工作认识迟、起步晚、发展慢，与世界发达水平有很大差距。高等学校作为人才培养的主阵地，承担了我国创业精神培育的重要任务。高等教育通过开展创新创业教育、完善创业支持服务体系等方式培育大学生的创业精神。培育创业精神既是创新创业教育的重要组成部分，也是推动创新创业教育发展的智力支撑和精神保障，两者相互促进。优化大学生创业精神培育路径，要明确培育目标、内容与方法，建立健全教育支持服务体系，逐渐形成全民参与的创业精神培育体系。

## 一、国家层面：完善支持服务体系弘扬创业精神

创业精神的培育工作是一个系统工程，在我国现有政治经济体制下，要实现“大众创业、万众创新”的目标，需要全社会的积极参与和大力支持，国家大力弘扬创业精神，全面深化政治经济体制改革，是创业精神培育的基础；国家重视创业精神和创业教育，是创业精神培育工作发展的前提条件。在此基础

上，国家建立健全创业精神培育支持服务体系，为高等教育开展相关教育实践活动清障搭台，是大学生创业精神培育工作顺利开展的关键环节。

因此，我国要从国家战略高度上予以重视，大力宣扬创业精神，通过政府完善支持服务体系，为大学生创业精神培育工作提供优质的服务。

### （一）完善政策服务体系

国家重视创业精神首先要“身体力行”，必须在完善和发展中国特色社会主义制度，推进国家治理体系和治理能力现代化的过程中坚持和发扬创业精神；在弘扬和培育社会主义核心价值观的过程中秉承创业精神，在社会主义精神文明建设中更加注重创业精神培育；以敢为人先的创新精神、艰苦奋斗的实干精神、知难而进的坚定信念面对国家全面深化改革中的困难和问题，并在实践中发现问题、解决问题、积累经验。

国家推进创业精神培育工作要从问题出发。目前，国家鼓励创业精神培育的相关政策措施，除教育外的其他领域涉及较少，在银行信贷、工商税务等领域缺少扶持创新创业活动开展的优惠政策，各级政府机关虽然也根据国家政策制定了相应规定，但是相关政策需进一步精细化，跟踪落实需进一步强化。国家重视创业精神和创新创业能力的培养，需要加强调查研究，针对大学生创新创业中遇到的困难与阻力、暴露出的问题，在政策制定中明确鼓励措施、完善规章制度、强化跟踪反馈，为大学生创新创业活动提供更多优惠政策；在政策执行中，要进一步加大简政放权的力度，加强事中事后监管，为大学生创业营造宽松、公平、公正的市场环境。

国家党政机关相关部门重视创新创业实践活动的开展，致力于在实践中培育和践行创业精神，充分发挥好共青团中央在大学生创业精神培育中的主导地位和中宣部的宣传导向作用，组织好科学技术部、教育部、人力资源和社会保障部、文化和旅游部等国家机关的团结协作。地方各级政府机关根据国家政策精神，结合区域经济的发展与地方产业结构的调整，制定相应的创业精神培育细则，建立相关事务的兼职或专职管理部门，组织社会力量参与创新创业活动，出台鼓励政策激励大学生创新创业，通过教育机构、实践基地等社会组织加强社会层面创业教育与培训。

### （二）建构社会信用体系

社会信用体系是社会主义市场经济体制和社会治理体制的重要组成部分，是完善社会主义市场经济体制、加强和创新社会治理的重要手段，对促进社会发展和文明进步有重要意义。当前我国社会信用体系建设与社会经济发展水平矛盾突出，为大学生开展创新创业活动制造了很多“后顾之忧”，抑制了大学生创业精神的发挥与培养。国家注重大学生创业精神培育工作必须建立和完善社会信用体系，保障社会主义市场经济健康运行，为创新创业活动开展创造良好的市场环境。首先，国家要在制度层面起草建立个人和企业信用档案的相关政策法规。2014 年 7 月公布的《国务院关于印发社会信用体系建设规划纲要（2014—2020 年）的通知》，为我国信用体系建设提供了纲领性文件。其次，国家要建立健全社会信用等级评定制度，建设社会信用网站，建立个体及企业的信用记录数据库。对企业、银行等市场主体从资金信用、经营管理、投诉情况等方面进行评定，个人信用则从消费、贷款记录等方面予以评定。通过政府和社会组织掌握征信数据，建立和完善信用数据库，在网站上曝光“失信黑名单”。最后，制定社会信用管理的法律法规，规范信用征信、整理、披露等工作程序，制定相应的奖惩措施，严厉打击假冒伪劣、侵犯知识产权、窃取商业机密等违法行为；给予信用记录良好的个体在创新创业实践中更多的资金、技术支持和服务，鼓励社会主体树立诚实守信的思想观念。

### （三）完善社会组织体系

大学生创新创业活动的顺利开展、实现从创新方案到社会生产力的转化需要社会力量的支撑，这就要求我们要完善社会组织建设，为创业精神培育提供全方位的服务，一是建立有效的服务平台，大力发展创新创业培训实践基地等社会组织和网络平台，加大政府财政对相关机构的资助和财政补贴，完善社会组织的管理，优化互联网政务服务环境。通过服务平台为大学生提供信息和技术等专业咨询服务和跟踪式扶持，反映大学生创新创业诉求，进一步推进组织建设的发展。二是加强枢纽型组织的建设，充分发挥其在高职创新创业教育、企业资金技术支持和社会基金服务中的桥梁纽带作用，汇聚社会力量、优化组织结构，提高大学科技园和孵化器等创业服务平台的专业能力和社会公信力，提高社会资源利用率和经济效益。三是政府设立专门的创业基金，鼓励和支持大学生创新创业活动。

此外，在构建创业精神培育体系中要坚持贯彻落实十八届四中全会精神，进一步完善创新创业相关法律规定，严格依法规范体系内部管理，对扰乱市场经济秩序的行为加大查处和打击力度。为创业精神培育工作创造良好的法治环境，提供完善的法律服务，将法治精神贯穿于创业精神培育工作的始终。

## 二、社会层面：营造大众创业的社会舆论环境

大学生创业精神的培育与弘扬需要良好的社会环境，当前发展中的社会主义市场经济环境、受传统观念影响的社会舆论环境和家庭环境，在某种程度上抑制了大学生的创业精神的发展。我国要培育大学生创业精神，就要营造争相创新的社会环境。

### （一）开放的经济环境

经济环境指的是国家或地区的整体经济状况，包括经济发展水平、社会经济结构、经济体制、宏观经济政策和劳动力情况等。我国实行社会主义市场经济体制，在国家宏观调控下，使市场在资源分配中发挥基础性作用，创业创新活动在这样的经济条件下发展取得了显著的成绩。但是行业垄断、地方保护和非法牟利等现象的出现抑制了创业精神和创新创业活动的发展。

改革方向就是培育创业精神所需要的相对开放、自由竞争的经济环境，有利于打破行业垄断、实现公平竞争。国家应鼓励大学生积极整合校内外资源开展创新创业活动，发扬并传承创业精神。创业精神指引人们以敢为人先的创新精神、艰苦奋斗的事业精神和坚韧不拔的意志品质，推进全面深化改革的进步发展。除此之外，国家要更加突出社会保障体制、金融体制和企业所得税的改革，为创新创业主体解除后顾之忧提供鼓励政策。

### （二）兼容并包的思想舆论环境

我国早在先秦时期就有鼓励创业的优良传统，自强不息、积极进取、艰苦奋斗的创业精神源远流长，但是传统文化中的“中庸”思想却抑制了敢于冒险的创新精神。中华人民共和国成立初期，我国高度集中的政治经济体制对人们思维方式行为习惯的影响根深蒂固，就业过程中进入体制拥有“铁饭碗”的思想至今在广大人民群众中普遍存在。中国传统文化中这些“不利因素”抑制了创业精神的发扬。这就要求我们加强创业精神的宣传，大力弘扬中国传统文化中自强不息、艰苦奋斗、积极进取的创业精神；吸收国外敢于冒险、勇于打破常规的创业精神，逐渐建构中国特色社会主义创业精神；通过网络、报纸、电视等传播媒介在全社会倡导创业精神，保护创新创业热情，鼓励创新创业实践；努力营造宽容失败的社会氛围和鼓励创新创业的思想舆论环境，使民众的创造能量充分释放，使创新成果不断涌现，使创业活动蓬勃发展，使创新创业实践

得到全社会的广泛认同和接受。

家庭环境在大学生成长成才过程中发挥着启蒙教育的作用，家长的思维方式、言行举止、教育方式对孩子人格特征的形成至关重要，为大学生开展创新创业活动奠定了基础。一方面家庭环境塑造了孩子对创新创业的基本理念和人格特征，这是创新创业活动顺利开展的关键因素；另一方面，大学生创业精神落实程度取决于家庭的精神支持程度。因此，我们要着力营造创业型家庭环境。在教育理念上，克服过强的回报心理，尊重孩子自主选择的权利，重视孩子的德育教育与全面发展。在教育过程中坚持科学的教育方法，调整心态，形成客观的期望值；学会倾听，建立平等的亲子关系；以身作则，帮助孩子塑造健康人格；学会欣赏与宽容，鼓励孩子的创新精神。鼓励家长更新教育理念，践行科学的教育方法，别让家长因为“害怕伤害”禁锢了孩子的思想、捆绑了孩子的手脚。努力营造相互解、充分沟通、民主和谐的家庭氛围，鼓励孩子独立思考、敢于创新、勤于实践、坚持学习，锻炼孩子知难而进、坚韧不拔的意志品质，以创业精神面对生活。

## 三、学校层面：建立健全大学生创业精神培育体系

要全面提升大学生创业精神和创业能力，实现大学生以创业精神面对新问题、以创业能力打开新局面的目的，必须对创业精神培育工作进行规范化、系统化管理，对高职体制机制进行调整和改革。高职教育体制创新是其他一切革新的重要保障，体制改革和建设具有根本性、稳定性和长期性。我们要大力推进高职教育体制机制革新，不断适应社会主义市场经济发展需求和全面建设中国特色社会主义的要求，进一步解放和发展创业理念，使创业精神进一步适应时代发展要求。高等院校要通过完善教学科研体系、组织体系、支持服务体系，努力营造宽松的创业环境，致力于构建集教学、科研辅导、实训、孵化为一体的创新创业体系。

### （一）明确大学生创业精神培育目标和内容

大学生创业精神培育是指高职通过教育、培养、锻炼，帮助大学生树立正确的创业观念，激发大学生的创业精神，培养大学生的创业品质，从而引导大学生不断提高创业能力，创造新价值的教育过程。高等教育创业精神培育以全面提升大学生综合素质为出发点，通过知识传授、团体实践、个别指导、环境

熏陶等多渠道，积极引导学生有针对性地参加培养锻炼活动，着力培养学生敢为人先、善于思考的创新精神，勤于实践、艰苦奋斗的实干精神，追求卓越、永不止步的学习精神和坚韧不拔、知难而进的坚定信念。通过优化知识结构、提高实践能力，培养面向未来的研究型、创新型、管理型、国际型的高水平创业人才。

根据大学生创业精神培育的目标，主要从以下几方面对大学生进行教育和引导：

1. 树立正确的就业创业观念

将创业精神培育纳入高等学校教育目标体系，通过开展创业精神和创业教育的宣传活动，使全校师生转变观念，对创业精神培育工作有全面客观认识：创业不仅是创办企业，开展创业教育也并不是要求每位学生都去自主创业，在自己的工作岗位上创造新价值就是创业；创业精神培育工作是帮助学生树立创业理念，具有企业家思维的过程。高职教育工作者要充分认识创业精神培育工作的重要性和必要性，树立正确的人才观和教学观，改变传统以成绩论优劣的人才评价观念和教学考核标准，对大学生进行价值塑造、能力培养和知识传授。引导学生树立正确的学习观和就业观，在学习过程中不仅要扎实掌握书本知识，还要向社会实践学习，不断学以致用、积累社会经验，使学生学会学习，为终身学习奠定基础；在生涯规划中树立正确的就业观，确立就业形式多样化的观念，既不能等待、依靠社会、学校、家长的给予，也不能违背个人实际随遇而安，大学生要有创业意识，敢于挑战，敢于实事求是地确立奋斗目标，并为之付出努力；将自己的职业兴趣和职业发展结合起来，形成“创业是最高水平的就业”的观念，通过艰苦奋斗、勤于实践，努力实现自己的职业理想。

2. 培育健全人格

人格包括稳定的人格心理特征和人格倾向，是每个人区别于他人的差异性部分，人格特征决定着一个人是否心理健康和有所成就，决定着一个人的价值观念。培养大学生健全人格是学生全面发展的需要和时代发展的要求，是大学生开展创新创业活动的前提条件，因而成为大学生创业精神培育的重要内容。大学生健全人格主要表现为：自我悦纳，接纳他人，即大学生内部心理和谐发展；人际关系和谐，指在人际关系中实现自尊与他尊、理解与信任、同情与人道等品质；独立自尊；能够发挥自己的潜能，即能够使自身的思维优势和专业技能最大限度地发挥作用。培育大学生创业精神尤其要在大学生人格培育过程中突出创造型人格的培养。创造型人格是开展创新创业活动的重要因素，是指具有创造性智慧和创造精神的人格类型，从本质上看就是培养大学生的创新思维和创新能力。

3. 优化创业知识结构

知识的积累是开展创新创业活动的前提条件。通过创新创业活动培育大学生创业精神，要求大学生具备创业型知识结构，并不断优化重组，与时俱进。

首先，大学生创业者要用中国特色社会主义理论武装头脑，坚持辩证唯物主义的思维方式分析问题、解决问题，这就要求进一步落实高职思想政治理论课的教学效果。其次，开展创新创业活动不仅需要扎实的专业知识，还需要经济、管理、法律等综合性的知识体系，并且随着实践的发展不断实现知识内容的与时俱进和结构的优化组合，这就要求大学生要具备较强的适应能力和学习能力。

4. 增强创业能力

大学生创业精神培育的目的在于理论指导实践，引导学生以创业精神开创事业，这就要求学生具备基本的创业能力践行创业精神，大学生应具备以下几方面的能力：学习能力是对知识和信息的接收、转化和应用能力。大学生经历20余年的知识学习，不仅要积累知识，更要养成良好的学习习惯，树立终身学习的观念，学会学习。社会交往能力是交往过程中运用的交往技巧，包括沟通能力、社会活动能力、亲和力和协调能力等内容。创新能力是创业活动中最重要的能力，是指大学生在创业过程中创造性地提出问题、分析问题、解决问题，主要表现为具有创新意识、创新思维和创新技能。创新是一个打破旧事物创造新事物的过程，一直处于探索状态，遇到困难在所难免，需要大学生具有较强的心理受挫能力和较高的逆商。

## （二）坚持大学生创业精神培育的基本原则

高等学校在创业精神培育过程中应坚持以下基本原则：

1. 普及化原则

创业精神作为时代精神的重要组成部分，对中国特色社会主义文化建设尤其是文化创新有重要作用，在高等教育阶段开展创业精神培育工作是建设创新型大学、实现高等教育可持续发展的内在要求，也有助于大学生群体的全面发展和个人价值的实现。开展创业精神培育工作不是要求人人去创办新企业，而是要引导大学生以创业精神去面对生活和学习。因此，培育创业精神应该作为一种理念贯穿于高等教育始终，被纳入正规教育体系，在全体学生中普及创业精神相关理论，在通识教育中融入创业、管理相关课程，在全校范围内开展创新创业活动以激发大学生创业精神，让创业精神在大学校园遍地开花。

2. 专业化原则

在大学生创业精神培育过程中坚持专业化原则主要表现在三个方面：一是科学研究和学科发展的专业化，加强具有中国特色的创业学研究，逐渐建构本领域的理论体系，为学科专业化发展奠定坚实的理论基础。二是在创新创业活动中，坚持组织建设的专业化，针对理论研发、教育方案实施和反馈教育支持服务体系设立专门的组织机构，进行专业化管理。三是强调教师专业水平和业务素质的专业化，要培养和选拔既有理论高度又有社会深度的“双料”教师，对大学生理论学习、创新创业活动的开展进行指导，提供咨询服务。

3. 主体性原则

主体性原则即在创业精神培育过程中明确大学生的主体地位，具体表现为以下方面：一是强化学生的主体意识。主体意识是学生在学习过程中积极探索的内在动机和根本力量，无论是在理论学习还是创新创业实践中，教师都为学生创造独立学习的环境，最大限度地激发其内在动力。二是尊重学生的主体意识和个性化特征。在教育过程中，每个学生都是独特的个体，存在差异化的个性特征，尊重和重视学生的个性化。并针对社会需求多元化的现状推进个性化教育，通过职业性向测评和全面客观的综合分析对学生进行定位，通过职业咨询为学生提供精细化、个性化的职业发展指导和支持。

4. 理论与实践相结合原则

理论与实践是辩证统一的，缺乏理论指导的实践是盲目的，缺乏实践的纯理论是空洞的，在创业精神培育过程中理论与实践的结合尤为重要。创业精神培育需要理论知识作为基础，更需要实践活动的激发和强化。这就要求大学生要掌握扎实的创业基础理论知识，并积极投身于创新创业实践中去，在创新创业活动中学以致用，检验并进一步发展创业学知识，积累经验教训，在不断探索中打开新的局面，丰富和发展原有知识体系。在创新创业过程中，大学生只有理论联系实际，才能将所学内化为自身的素质和能力。

### （三）完善教学科研体系，增强创业精神

要调整和改革课程设置，优化大学生知识结构，将创业精神培育课程纳入

正规课题体系。高职开展创业精神培育工作通常非教学活动，虽然使学生的创业精神在实践活动和创业平台中有所提升，但是未被纳入正规体系的创业精神无法得到师生的重视。要在教学方案中明确创业精神培育目标，通过系统教学使学生对创业精神有系统了解，自觉增强自身知识和技能，在学习、生活和工作积极发扬和传承创业精神。一方面设置创业精神相关的通识课程，普及创业精神理念，优化知识结构，引导学生树立创业精神，进行职业生涯规划。另一方面开设相对专业化的创业培育课程，对有创业兴趣和创业意向的学生重点教育，通过理论知识的学习、案例分析、创业计划和孵化等内容的系统学习和实践，不断培养学生的创业兴趣、增强学生的创业能力。在专业教育中，一方面在教育内容中融入创新、实干等创业精神理念；另一方面增加课程实践环节比重，引导学生学以致用，在实践中体验树立创业意识的紧迫性、检验自身创业能力、体会失败的苦涩和成功的喜悦。此外，要注重专业课程与创业教育相关课程的统一性。调整和改革课程的设置并非要打破原有的课程体系，重点是在现有的课程体系中融入创业精神培育内容。

在科研方面应加强创业学研究。学者们对创业精神的研究更多的是借鉴国外先进的理论成果，迫切需要从中国的政治经济情况出发，探索出一套适合中国政治、经济和文化环境的战略导向理论体系。只有有了坚实的理论基础，才能加强创业学学科建设。在研究方法上，学者们应注重改进和完善研究方法，不断提高研究方法的科学性、严谨性和规范性。当前高职研究体系中，自然科学注重实验研究，一般用数字显示研究的重要性和可行性；而社会科学更加注重理论的先进性和学理性的研究，对社会问题研究方法的研究和使用较局限。创业教育和创业精神培育研究涉及经济学、管理学、社会学、教育学和心理学等众多学科，在研究过程中要采用科学的研究方法和严谨的研究态度，积极学习和借鉴国外成熟的理论和实践方法，结合快速变化的中国情境，逐步建立起具有中国特色的创业精神研究框架体系。

要提高教师创业精神，优化教师队伍结构。高等学校创业精神培育工作需要具备创业精神和创业能力的师资力量，传统教学中专业课教师只注重专业素质，创业课教师只抓理论的现实无法满足我国创业精神培育和创新创业教育的需求。培育大学生创业精神首先要提高全体教师对创业精神的重视程度，国家、学校应对高职教师进行创业精神培训，使教师在教育教学过程身体力行，不断更新教育观念、拓宽教学思路、丰富教学内容、创新教学方法，在教育过程中明确促进人的全面发展的教育目标，形成以教师为主导、以学生为主体、以训练为主线的课堂教学方式。学校应加强与社会组织的联系，鼓励专职创业学教师增加一线实践经验，聘请社会上创新创业典型担任学校创业教育兼职导师，着力打造一支既有理论水平又有实践经验的创新创业型教师队伍。

此外，在教学科研评估中将创业精神作为重要指标，十八届三中全会提出深入推进管办评分离的教育评价方向和完善学校内部治理结构的要求。高职应根据国家要求和本校实际情况逐步完善创业精神培育评价体系。应在学生中针对创业精神培育问题展开调查研究，建立健全毕业生创新创业工作评价体系，完善反馈机制，不断优化教学科学体系。要锻炼学生创新思维，鼓励学生形成创业意识，以创业精神面对今后的生活和工作。

### （四）完善组织服务体系，激发创业精神

课堂教学在大学生创业精神培育中发挥着主阵地的作用。将课堂教学内容学以致用需要创新创业实践平台作为支撑。在大学生创业精神培育与创业能力培养中，创新创业实践平台等组织体系亦发挥着不可替代的作用。高职要重视大学生创新创业组织建设，致力于搭建三种组织平台，定期开展创意类活动，调动学生的创新创业热情。一是创新创业理论研究中心，组织国内外创新创业专家，致力于相关理论研究，构建培育的理论体系，努力实现教育的学科化。当前高职开展创业创新教育涉及的理论知识不成体系，缺乏专业性和针对性，高职要逐渐建立和完善具有中国特色的创新创业理论体系，并制订符合高职实际情况的教育计划和方案。二是创新创业孵化中心，依据创业精神培育方案，落实研究中心相关政策，开展创新创业活动和科技竞赛并设置相应的鼓励政策，为大学生创新创业实践提供资金、咨询、培训和个性化辅导，实施创业计划的孵化及后期指导。三是深入社会的交流中心，负责整合资源，搭建学校与企业、协会等社会组织的沟通桥梁，为大学生创造与企业家面对面的机会，不断开拓实习基地、挖掘社会资源为校内创业实践活动提供资金、技术和智力支持。通过组织建设实现“创业学开发—创新创业计划—实地创新创业活动—持续性扶持”一条龙服务，为创业精神培育实践活动提供系统化的支持和服务。帮助大学生积累创业知识和经验、了解和体验社会运行规律，做好艰苦奋斗的心理准备，激发大学生追求卓越的学习动力和敢于冒险的精神。

### （五）营造创业环境，传承创业精神

高等院校是创业精神培育的重要载体，具有创业氛围的校园环境，对大学生创业精神的形成和发展有潜移默化的作用，有利于引导和鼓励大学生的创业热情，增强大学生的创业能力，促进教育效益的提高。营造创业文化氛围必须着手于校内外全体师生员工，形成全方位创新创业的文化氛围；必须从生活点滴入手，围绕“创业精神”精心组织丰富多彩的有思想性、学术性、娱乐性的校园文化活动，充分激发学生的创新精神和创造性思维；必须充分发挥好网络等现代媒体和科技成果的作用，创造信息共享的平台，着力构建一种开放、包容的校园文化环境和严谨、踏实的学术氛围。传承创业精神要加大宣传力度，营造宽松的校园环境。学校应利用报纸、期刊、宣传栏、网站、广播站等宣传阵地，积极普及创新创业知识，宣传创新创业典型、国家鼓励政策、学校实践活动，激发大学生对创新创业的热情。创业精神的培育需要长期的熏陶和积淀，创业型校园环境的打造也要逐步实现。这就要求我们放眼全局、着手眼下，让创业精神融入学生生活、学习的各个方面，遍及校园每个角落。高职围绕创业精神培育的教育目标变革体制机制、完善组织服务、营造校园环境等工作的开展都需要经费的保障。在教育经费有限的情况下，高职要坚持艰苦创业精神，通过开源节流为大学生创业精神培育提供相对充足的资金保障。一方面积极争取社会资源，为学校创新创业活动拓宽经费来源、提供技术和咨询服务支持；另一方面加强组织内部管理，努力实现经费使用的透明化，提高经费的使用效益。

# 第四章　高职创新创业教育实践教学体系构建研究

## 第一节　高职创新创业教育实践教学体系建设现状

### 一、创新创业能力培养与实践教学体系

相对来说，学术界较为重视高等教育中基础教学、科研培养等方面的研究，而实践教学这种培养大学生创新创业能力的教育模式的研究则较为薄弱。总体来看，无论是从研究广度、研究宽度还是研究深度方面，都比较欠缺，多数研究显得零散、单一，局限于传统的视角和领域，一般性、普遍性问题研究较多，缺乏系统性、普适性的探讨。尽管如此，随着近年来学者们的不断探索，创新创业人才培养问题和实践教学中体系的构建逐渐成为研究的热门问题，此领域积累了相当丰富的知识和经验，产生了许多值得借鉴和参考的有价值的研究成果。

#### （一）创新能力、创业能力的含义

1. 创新能力的含义

创新的社会学解释是，人们为了发展的需要，在前人已经发展或发明成果的基础上，不断突破常规，提出新的见解、开拓新的领域、解决新的问题、进行新的运用、创造新的事物。创新能力是实施创新行为所具备的本领或技能。

对于创新能力的含义，国内不同的学者对其的理解和使用有很大的差异。有的学者指出，创新能力是指利用已积累的知识和经验经过科学的思维加工和再造，产生新知识、新思想、新方法和新成果的能力。有的学者认为，从创新能力表现形式来看，创新能力的本质在于创新，具体表现为产生某种新颖独特、有社会价值或个人价值的思想、观点、方法和产品的能力。还有的学者认为，

从整合的角度来看，创新能力是个人知识储备、创新思维和创新个性的多维、多层次的综合表征，其中知识储备是创新能力的基础，创新思维是核心，创新个性是保障。尽管不同学者从不同的角度理解创新能力，给出的定义差别也比较大，但它们都有助于人们科学理解创新能力的含义。

综上所述，在本研究中，笔者的理解为：创新能力是指创新主体利用已有的知识和经验，具备能从事创新活动的思维和能力。

2. 创业能力的含义

创业能力是在 1989 年 12 月联合国教科文组织亚太地区会议期间提出的。会议指出："要求把创业能力教育提高到目前学术性和职业性教育所享有的同等地位。创业能力教育要求培养思维、规划、合作、交流、组织、解决问题、跟踪和评估的能力。"

对于创业能力的含义，国内学者主要有以下几种认识和表述：有的学者认为，创业能力不仅暗含很强的实践性，需要有一定的实践经验，同时也包括了较强的综合能力，需要具备较高的综合素质；它是集创造性和自我开发与实现的一种特殊的创造力；它是三种能力的结合：专业职业能力、经营管理能力、综合性能力。有的学者认为，创业能力是指一种主体的心理条件，它可以影响创业实践活动效率，促使创业实践活动顺利进行。换一种说法，创业能力是一种以人的智力发展为核心，兼具较强综合性和创造性的心理机能；是经验、知识、技能经过类化、概括化后形成的，在创业实践活动中反映为复杂而协调的行为过程。还有的学者认为，创业能力狭义上是指自主创业能力，即除工资形式就业以外的自我谋职的能力或顺利实现自主创业的特殊能力，包括个体自身的一些特质，如创业品质、专业技能、信息处理能力、决策应变力、环境适应力。

以上关于创业能力的不少观点都值得我们借鉴。笔者比较赞同的是，创业能力是一种实践性、综合性很强的，有创造性特征，有自我开发、自我实现性质的，以智力为核心的特殊能力。

### （二）创新创业能力的培养

1. 创新创业能力的内涵及构成

以"创新创业能力"为主题的学术论文有很多，但是学者们在学术论文中很少提到创新创业能力的内涵，大多数是从创新创业教育角度来分析的，主要有三种看法：

第一种理解，将创新创业能力等同于创新教育中培养的创新能力。

第二种理解，将创新创业能力等同于创业教育中培养的创业能力。

第三种理解，将创新创业能力理解为创新能力与创业能力的结合，是一种兼顾创新能力和创业能力并以创业能力为落脚点的能力。

笔者认为这样理解“创新创业能力”是不够全面的。根据本节的特点，对上述关于“创新能力”“创业能力”的含义进行归纳和总结，笔者认为，“创新创业能力”强调的是学生的基本素质、创新精神和创造性思维，同时注重学生的理论知识和实践能力，尤其是自我创业意识和创新操作能力，具备能够独立自主地发现问题、解决问题，并提出自己新观点的能力，同时又具备创业意识、对创业有所追求的能力。简单来说，创新创业能力指的是一种既具有实践能力、创新能力，又具备创业潜能的复合型能力。

人们从事创新创业活动，需要各种能力，绝不是单凭一种能力或某几种能力就能达到预期目标的。要使创新创业主体能发现问题、解决问题，提出自己的新观点构思和创造有价值的东西，就必须使创新创业能力各要素联合成一个整合体，发挥创新创业综合效应。

（1）智力是创新创业能力的基础

智力是人认识客观事物并运用知识理解解决实际问题的能力知识，是对事物属性与联系的认识，是人们在社会实践过程中积累起来的经验。智力包括很多方面，如观察力、记忆力、思维能力、应变能力和分析判断能力等。这些都是认识活动所必须具备的一般能力。一般的智力转化为创新创业能力，要求主体在创新创业活动中对智力因素实现有机整合，主要包括信息获取能力、创新操作能力和开创事业的能力等。

（2）创新素养是创新创业能力的核心。

丰富的知识要转化为能力，在实践中产生新的成果，关键点就是创新素养。创新素养包括创新意识、创新精神和创新思维。创新意识是创新思维活动的起点，是使个体产生创造行为的内驱力，是创造的意图等思想观念。创新精神指的是创新者所具备的智力与非智力心理品质的有机结合与升华而产生的实际创造动力。创新思维是指一个人在创新过程中，产生的对新事物的认识活动，它具有多向性、形象性、突发性等特点。

（3）创业潜能是创新创业能力培养的动力。

创业潜能存在于创业意识和创业精神层面，是在一定社会环境和教育条件的影响下，形成的与他人不同的较固定的态度和行为特征，是思维和行为相结合的体现。培养创业意识主要包括形成创业需求、动机、兴趣和信念等。培养创业精神，主要包括形成自信心、坚韧性、敢为性、独立性和合作性等心理品质。

2. 大学生创新创业能力培养的内容和意义

中共十八大报告明确提出了“建设创新型国家”“以创业带动就业，提高创业能力”“创业中离不开创新”等内容。大学生是最具有创新创业潜力的群体之一，高职应该深入学习科学发展观和建设创新型国家战略，深化教学改革，培养大学生创新创业的能力，这是落实“以创业带动就业，提高创业能力，促进高职毕业生充分就业”的重要措施。

基于上述创新创业能力的内涵及构成的分析，笔者认为培养大学生创新创业能力应包括以下几个方面的内容：

第一，实践动手能力。自己面对问题时，具备发现问题、分析问题和解决问题的能力。

第二，创新性思维能力。能用专业术语表述新问题，发现事物的规律性的能力，包括发散性思维和非逻辑思维能力等。

第三，能独立思考、独立判断和独立从事科研活动的能力。

第四，学术交流能力。能将研究成果以专著或学术论文的形式表达出来，将新的思想或知识传递给他人的能力等。

第五，创业潜能。在使自身的实践能力和创新能力达到一定高度的时候，具备能激发自身创造力来开辟新事业、新行业的潜在能力。

对于大学生创新创业能力培养的意义，可以概括为以下几个方面：

（1）培养大学生创新创业能力是国家战略的需要。

21 世纪，各国竞争的重点已转化为经济和综合国力的竞争，归根到底是科技和人才的竞争。谁拥有创新型的人才，谁才能在这场激烈的国际竞争中取得更大的优势。创新是一个民族进步的灵魂，是一个国家兴旺发达的动力。党中央、国务院做出的建设创新型国家的决策，是事关社会主义现代化建设的重大战略决策。创新型国家的建设需要具有创新创业能力的人才，应培养创新创业人才，大力推进理论创新、制度创新、科技创新，不断巩固和发展中国特色社会主义伟大事业。大力培养大学生创新创业能力是高职的首要任务和关键措施，能够有效地推动创新型国家的建设。

（2）培养大学生创新创业能力是缓解就业压力的需要。

随着高职的扩招，我国大学生就业压力越来越大，就业形势相当严峻。创新创业教育能够有效缓解社会就业压力。高职应全面开展切实有效的创新创业教育，培养大学生的创新能力，激发大学生的创业潜能，引导和帮助越来越多的大学生加入创新创业队伍中来，使大学生成为为社会创造价值的创业者，由寻求就业岗位的就业者变成提供就业岗位的创业者，有效缓解大学生就业难题。

（3）培养大学生创新创业能力是大学生自身发展的需要。

敢于思考，追求个性，有着强烈的自我意识，渴望实现自我价值，是当代大学生的时代特征。高职应培养大学生的创新创业能力，使他们更加注重自身综合素质和能力的提升，为他们实现自身的发展提供条件。大学生只有通过创新创业活动，选择适合自己发展的领域，突破和创新自己的思想，才能够实现自己的人生价值。

## 二、实践教学体系

1. 实践教学与教学体系

顾明远主编的《教育大辞典》中，对实践教学有一个明确的解释：“实践教学是相对于理论教学的各种教学活动的总称。包括实验、实习、设计、工程测绘、社会调查等。旨在使学生获得感性知识，掌握技能、技巧，养成理论联系实际的作风和独立工作的能力。”实践教学的这个定义，是从其内涵和外延来理解的。

按照系统论的思想，教学体系是指为了达到教育目的，由教学活动相关要素构成的，并以一定稳定结构形式存在的，实现特定教学功能的，相互影响、相互作用的有机整体。对于教学体系的构成要素，有经典的三要素说，即“学生、教师和教材”，但是现在大部分学者认为教学体系的构成除了学生、教师和教材外，还应包括教学目标、教学内容和教学环境。

2. 实践教学体系的内涵

实践教学体系是一个有机的整体，大部分学者都认为其有狭义和广义的内涵之分。总的来说，由目标、内容、管理和评估体系等要素构成实践教学体系整体，这是按照其广义层面来描述的。而狭义的实践教学体系是指实践教学的内容体系。以下以广义的实践教学体系内涵作为参照，但并不局限于其设定的目标、内容、管理和评估四大要素。笔者把实验、实训、实习和毕业论文等环节作为实践教学活动，把体系的管理、评估和条件保障作为实践教学体系的环境资源来加以重新认识。所以笔者认为，实践教学体系是以实践教学人才培养目标为核心前提，以实践教学活动为主体内容，并以相应环境资源作为支持条件的一个有机联系的整体。

## 三、实践教学体系构建的理论基础

实践教学是和社会诸多领域有着紧密联系的实践活动，实践教学体系的构建也涉及各种与之相关的要素。在综合考察实践教学内涵的基础上，笔者认为，实践教学与学习论的思想密不可分，它们不仅为实践教学体系设计提供理论指导，也为人们认识教育本质、确立教学目标、选择教学内容等教育问题提供重要的理论依据。

学者对学习的探讨从未停止过，无论是行为主义心理学创造的“刺激—反应”学习理论，还是认知主义心理学家对人类认知过程和组成因素的研究，社会因素和个体因素都已经成为学者关注的焦点，特别是建构主义学习理论对教育思想产生了重大的影响。

建构主义学习理论认为，知识和技能不是被动积累的，而是学习者积极实践的结果。知识和技能的建构必须从激发学习者学习动机开始，而传统的教育模式往往是先理论后实践，实践能力弱的学生在社会上缺乏核心竞争力。因此，必须确立实践教学在创新创业人才培养过程中的主体地位；学习者的学习过程要关注知识和技能的连贯性和教学内容的情境性，应使用情境教学方法，使学习内容具有真实性任务，使学习行为在与现实情境相似的情境中产生实践教学是符合情境教学要求的，能够使学生通过具体的社会实践、实训、实习等实践环节，在解决具体问题情景中，积极主动地建构自己的理解过程和创造过程。

## 四、实践教学体系在创新创业能力培养中的重要作用

高职通过实践教学，培养的是学生的实践动手能力以及发现问题和解决问题的能力。21 世纪创新创业人才培养的要求中，学生创新创业能力的核心就是创新，创业是在具备一定程度创新的基础上升华得到的。实践能力是创新能力发展的基石，高职构建面向创新创业能力培养的实践教学体系是符合现代教育要求和社会人才需求的。

第一，构建实践教学体系是连接学生理论知识和实践能力的重要手段。学以致用是从古至今都崇尚的获取和使用知识的目标，实现学以致用目标的过程就是实践教学。实践教学能够培养学生运用知识、创造知识的能力，使学生真正发挥用理论指导实践的作用，为学生毕业后进入社会工作创造必要条件。

第二，实践教学体系是本科教学体系的重要组成部分。高职本科教学的培养目标和专业人才的培养目标的实现，都离不开实践教学这一关键环节。实践教学培养的是学生的实践能力、创新能力和创业潜能，而只有通过实践教学体系才能更加系统化地实现实践教学的作用，这是学生能力发展的必要条件。

第三，实践教学是学生创新能力培养的基石。学生创业潜能的激发离不开创新能力的积累，创新能力的积累离不开实践能力的提升。没有实践能力，创新能力是不可能得到发展的。学生在实践中不断积累自己的实践能力，形成良好的创新意识，无形中就会使自己的创新能力逐步提升。

第四，实践教学更深远的意义在于学生个体的全面发展。21 世纪，国家的发展靠人才，人才综合素质的提升是一个国家综合国力提升的表现。国家培养学生的综合素质，正是在学生进入社会前，通过实践教学逐步使学生获得全面发展来实现的。

# 第二节　高职创新创业教育实践教学体系建设路径

## 一、面向创新创业能力培养的实践教学体系模型构建

### （一）当前高职实践教学体系存在的问题分析

近年来，我国各大高职纷纷加大对实验室的建设投入以改善实践教学条件，积极开展实践教学改革，这不仅有效促进了学生实践能力和创新能力的提升，还为实现创新型人才的培养目标奠定了坚实基础。然而，在高职实践教学改革的探索阶段，仍然存在着一些问题。

1. 对实践教学的充分认识和重视程度还有待进一步提高

目前一些高职受传统教学模式的影响，重理论、轻实践，重知识传授、轻能力培养，实践教学长期处于高职教学活动中的次要地位。高职的人才培养方案一般以理论课程的知识能力培养为主，以实验环节的实践能力培养为辅，这种实践教学定位和人才培养模式已经难以满足学生实践能力和创新能力培养的需求。实践教学活动一方面能够使学生将理论知识联系到实践中解决实际问题；另一方面能够锻炼学生发现问题、分析问题和解决问题的能力，这些是理论教学难以替代的。因此，高职需要尽快转变教学观念，确立实践教学在创新型人才培养过程中的主体地位。

2. 高职实践教学改革缺乏整体规划

很多高职把实践教学体系构建的重点放在了实践教学活动上，虽然开设了实验、实训和实习等多种实践教学环节，且各个环节有一定的时间保证，但是各环节之间缺乏有效的内在联系和有机结合，这种无序的状态与创新型人才培养目标有较大的差距，实践教学体系作为相对完整的教学体系，具有相对独立性。在建设和实施的过程中，应避免孤立性和片面性，需要紧紧围绕专业人才培养目标，运用系统性思维和整体优化思想指导实践教学体系的构建。

3. 实践教学体系构建需要挖掘与之相适应的环境条件

与高职理论教学相比，实践教学活动的开展需要投入更多的人力和物力，不仅受到实验设备、实验场所和实践教学师资等条件的限制，而且需要得到社

会和企业的支持，操作起来难度较大。在师资队伍培养方面，高职缺乏具有过硬操作和技术经验的实验老师；在实践教学硬件设施的建设方面，实验室建设、设备更新和实验条件改善都需要大量的资金投入，一些有能力的高职虽然建设好了实验室，但是缺乏合理的运行和共享机制；在实践基地的建设方面，许多高职建立的校外实践基地数量不足，而且其中有相当一部分稳定性不高，难以使实践基地发挥最大的效用。

## 二、实践教学体系的理论构建原则

实践教学体系的高效运行必须考虑多种要素间的相互作用。在综合了创新创业人才培养范畴和实践教学体系特征的基础上，笔者提出了构建实践教学体系过程中需要遵循的一般性原则。

1. 目标性原则

高职实践教学体系的建构必须紧紧围绕培养大学生创新创业能力这一人才培养目标来进行，要把培养既具有扎实的理论基础，又具有较高创新素养和较大创业潜能的人才作为实践教学体系的出发点。实践教学体系人才培养目标应该根据高职人才培养规格、专业学科特点和发展规律以及社会对人才的需求，来进行明确的、有针对性的具体设定。

2. 系统性原则

高职实践教学体系的构建，应该根据高等教育的规律和人才培养特点，按照各个实践教学环节的地位、作用及相互之间的内在联系，运用系统科学的方法进行统筹安排。实践教学环节的时间安排上要保持连续性，要处理好实践教学与理论教学的关系，合理分配课时比例，保持整个教学过程的系统性：实践教学与理论教学的相互衔接、相互渗透，使体系内的各个环节协调统一，贯穿于高等教育的全过程。

3. 层次性原则

大学生能力的发展是一个循序渐进的过程。遵循这一客观规律，实践教学体系也应分阶段、分层次逐步深化。实践教学目标要由易到难，实践教学环节要由简单到复杂，实践教学方法要由单一到综合，分阶段、分层次，循序渐进地加以构建。

4. 实践性原则

实践出真理。对实践教学体系的构建要有利于学生实践能力的培养，主要体现在实践教学目标要符合社会发展和人才需求，除培养学生的应用实践能力外，还应注重学生的创新创业能力的培养，以满足学生自主发展的需要。在教学内容上，应突出知识更新的要求，以实践、实训活动为主导，模拟真实的环境来开展实践教学。

## 三、面向创新创业能力培养的实践教学体系

### （一）实践教学体系的结构

实践教学体系的构建是以实践教学人才培养目标为核心前提，以实践教学活动为主体内容，以相应环境资源作为支持条件的一个有机联系的整体。所以在构建面向创新创业能力培养的实践教学体系时，将培养大学生创新创业能力作为实践教学人才培养目标，与实践教学活动和配套的环境资源构成了体系中三大要素。这三大要素各有内涵又相互联系、相互促进。

### （二）实践教学体系构建的目标导向

创新创业人才培养目标是高职实践教学体系构建的目标导向，也是其核心前提。这指的是在实践教学体系的构建中，要把培养学生创新创业能力作为实践教学人才的培养目标，把创新创业人才培养目标贯穿于实践教学体系的每个环节，通过实践教学活动培养学生的实践能力、创新素养和创业潜能，使学生实际问题的解决能力和综合素质得到提高，使学生做到德、智、体、美全面发展。

1. 培养学生理论联系实际的能力

实践教学的首要任务就是要求学生能将理论知识与实践动手能力相结合，将课堂教育与社会实践相结合。这样，学生在进入工作以后，就能够学会理论联系实际，充分利用理论知识、指导思想，去观察、处理问题，解决实际工作中遇到的现实问题。

2. 培养学生发现问题和解决问题的能力

在用人单位看来，现在的大学生发现问题和解决问题的能力并不理想。学生缺乏实践经验，在工作中很难发挥高学历知识教育的优势。因此，应通过实践教学，努力提高学生的观察力、理解力和思考力。

3. 培养学生创新能力，激发学生创业潜能

创新，对21世纪人才培养具有重要意义。在不断变化的世界环境中，只有具备创新能力的人才才能发挥举足轻重的作用，为社会发展做出贡献。通过创新能力的不断提升，使学生富有创造力，激发学生的创业潜能，使学生能够开辟新的行业和领域。

高职要依据自身的学校定位，适当调整各学科教学计划，以培养学生创新创业能力的教学理念为指导，突出实践教学体系各环节的连贯性和整体性，完善实践教学内容，积极培养学生的实践能力，以满足新时期学科专业发展对专业人才的需要，力争实现创新创业人才培养目标。

## 四、实践教学体系构建的主体内容

如实践教学体系结构图所示，按照不同的教学目标，遵循实验内容深度的递进、实践技能层次的递进、综合应用水平的递进原则，实践教学活动主要包括基础实践阶段、专业实践阶段和综合实践阶段三个层次阶段。通过这三个实践阶段，学生可以合理地、循序渐进地安排实践教学活动，将创新创业人才培养目标和实践教学内容具体落实到各个阶段中，达到学生实践能力、创新能力的培养要求。其中每个层次阶段有不同环节的实践教学活动。

基础实践阶段是专业能力初步锻炼的阶段，对理论知识的理解、弥补课堂教学的不足起着重要作用，是专业实践阶段的前提。基础实践阶段主要包括课程实验、社会调查和参观见习三部分，重点培养学生基本技能和基础实验能力。课程实验的教学目标是以理论知识为支撑，使学生具备以操作能力为主的基础实践能力，通过实际操作和应用来发现和解决问题；社会调查通过实地调查研究，促使学生去验证和解决课程中遇到的理论性问题；参观见习的目的是增长自身专业知识，主要通过老师带团参观与专业相关的校外单位等方式进行。

专业实践阶段是在经过专业知识的系统学习之后，开始把所学知识运用到科研探索中，强调专业实践的重要性，是对学生科研能力培养的有益尝试。创业实践阶段主要包括课程设计、项目实践和专业实训三个部分。课程设计是培养学生提出、分析问题的重要途径，学生在课堂的学习时间有限，不可能完全掌握学科专业知识，所以项目实践环方可以使学生根据自己的特长，选择感兴趣的某一专业项目，在教师的指导下，以项目小组的形式组合在一起学习和研

究，通过互帮互学，培养团队精神和融汇多学科知识的能力，培育学生设计实验的能力。专业实训主要采用校企结合的形式，由学校老师和企业老师带队，走到实际的工作环境中去，让学生亲身体会到未来的工作状态，帮助学生及早地适应工作环境，使其满足行业需求，是连接校内学习和企业需求的桥梁，是毕业实习的一个提前模拟。

综合实践阶段主要包括科研竞赛、毕业实习和毕业论文三个部分，重点培养学生综合实践能力和创新能力。在科研竞赛中，学生在学校指导教师的辅导下，参与老师的课题研究、科研立项和大学生创新性实验项目等学术活动，也可以参加本专业的各项竞赛活动等，锻炼学生把理论知识与实践能力相结合的能力。为了能让学生在毕业实习的时候尽快进入工作状态，适应真实的工作环境，学生应参与毕业实习。毕业实习是学生自己参加到相关企业部门中去，并没有教师从旁指导，学生真正地投入到实际工作中，发挥自己的综合能力，解决问题，给企业创造经济效益。学生在毕业实习中，积累工作经验，为就业做准备。毕业论文是和毕业实习相辅相成的一个实际活动，毕业论文的主题来自学生对毕业实习过程中专业知识的总结和升华，体现出学生的科研能力和创新能力。

## 五、实践教学体系构建的环境资源

实践教学体系的构建必须有一系列教学硬件和软件的提供，才能保障实践教学的顺利开展，这些软件和硬件就构成了实践教学体系的资源环境。实践教学体系的构建前提主要包括条件、环境保障、质量保障等多个方面。

1. 完善实践教学管理机制是高职实践教学体系构建的前提条件

适合创新创业型人才培养的实践教学体系必须要有与之相适应的实践教学管理机制作为其前提条件。其管理机制包括以下内容：

第一，分级组织管理。高职实践教学管理实行校、院二级管理体制，由学校负责实践教学相应的管理办法和措施的制定，各二级学院作为办学实体负责实践教学的组织和实施。

第二，教学制度管理。大部分高职的学生必须按照专业教学计划，接受与其他专业同学相同的教学内容，而不能自主选择个性化的课程，这样并不利于大学生实践创新能力的培养。完善实践教学制度，需要实行“弹性学分制”，保证学生获得学分途径的多样性和灵活性，促进学生创新能力的最大化发展。

第三，运行评价管理。建立起包括学科专业资源、软硬件条件、校内外实训实习基地等实验教学资源有效利用和共享开放的机制，保证实践教学资源得到最大的有效利用，为实践教学活动的开展提供可靠的保障。同时，需要对实践教学的各个环节制定相应的评价反馈机制，利用这种机制来促进实践教学质量的提高，通过评价反馈保证实验教学改革的机制对实验教学资源的有效配置与利用起到良好的监督与指导作用。

2. 实践教学基地建设是高职实践教学体系构建的环境保障

实践教学基地建设可分为校内实训基地建设和校外实习基地建设两个方面。校内实训基地主要是指面向本校师生，采取校企结合的模式，在校内开设企业培训课程，进行企业模拟实践项目，能体现学校管理和专业特色的实训场所。校外实习基地需要依托企业的教师，按照企业生产实践的真实需求，参与学生的校外实习教学环节的管理和指导工作。良好的实践环境是培养学生实践能力和创新能力的重要基础，所以高职应该确立以校内实训基地发展为核心，稳定与扩展校外实习基地建设，采取校内与校外共建相结合的思路，来为推进高职实践教学改革的基本环境建设提供保障。

3. 高素质的实践教学师资队伍是高职实践教学体系构建的质量保障

近年来，很多高职开始认识到，实践教学人员已不再是传统观念中的教辅人员，而是教学活动的主体，实践教师队伍素质的高低，直接关系到学生实践能力和创新能力培养的好坏。因此高职要加强实践教学师资队伍的建设，以适应新的实践教学体系要求。高职要抓好“双师型”实践教学师资培养工作，通过各种培训和培养途径，使教师既具备扎实的基础理论知识、较高的教学水平，又具有很强的专业实践能力。同时，高职要建立完善的考核体系，鼓励教师参加实践教学工作。

# 第三节　“互联网+”背景下创新创业教育支持体系构建

## 一、基本思路与原则

在信息时代，在“互联网+”快速发展的今天，大学生创业遇到了许多困难，有资金方面的、有政策方面的、有技能方面的，还有服务方面的，等等。虽然一些高职开展了大学生创业培训，但是仅靠这些是不能很好地为大学生成功创业服务的，支持服务高等学校毕业生创业是一项系统的工程，需要一个完整、成熟的教育服务支持体系。我国尚未形成一个完整的创业支持体系，而在发达国家尤其是美国除了有先进的创业教育体系和完善的理论支持外，还有一套比较系统、完善的支持大学生创业的政策，为大学生创业提供了有力的保障。因此，我们可以借鉴发达国家的经验，结合我国大学生创业服务体系中存在的不足来完善创业支持体系。完善大学生创业体系是一个漫长艰辛的过程，绝不能为了求快、求方便而照搬、照抄国外先进的创业支持体系，忽视我国的具体国情。我们应该本着实事求是的原则，吸收他国经验，在实践中不断完善大学生创业体系，以切实保障和落实大学生创业相关服务工作。

## 二、大学生创业支持体系的构建

应建立一个以家庭、社会、国家为基础的，适合中国国情，符合大学生当下要求的，较为全面的创业支持体系，以帮助大学生更好地认识创业的方方面面，帮助大学生克服在创业过程中所遇到的困难，全面支持、鼓励大学生充分发挥自己的主观能动性，创新思想、突破自我、积极创业，为展现我国大学生自身的真正价值、促进我国经济快速腾飞而努力。

### （一）构建完善的创业政策支持体系

我国自改革开放以来，经济增长速度保持在 10% 左右；在这样良好的经济环境中，存在着潜在的、巨大的创业机会。然而，我国现行的市场经济体制仍然有许多不完善的地方，大学生创业如果一味地像美国一样靠市场去主导，那么初出茅庐的大学生企业势必会举步维艰，从而将影响大学生再创业和其他大学生创业的信心和积极性，我国政府和社会组织应该从各个方面制定一系列政策和措施来鼓励大学生创业，方便大学生创业，保证大学生创业，使大学生企业今后真正成为我国经济前进的重要力量。

1. 创业鼓励

政府、高职和社会组织在制定各项政策鼓励大学生创业的同时，要让尽量多的大学生了解和知道这些政策的存在。以前的情况往往是政策虽在，但无人知晓，有些大学生会因此放弃创业的念头，社会各界应该通过各种媒介深入宣传鼓励大学生创业的基本政策和措施，让广大有潜在创业想法的大学生通过了解这些鼓励政策来产生心灵上的共鸣，从而将创业理念转化成创业现实。同时，要深入报道大学生创业成功的典型案例，树立创业者在大学生心中的典型形象，建立一个十分轻松、友好的创业氛围。社会各界也应该加强合作，开展一些适合大学生创业的社会活动，给广大学生一些创业奖励，增强他们的创业积极性。

2. 税费减免

政府和社会各界要方便大学生创业，就要在税费上下功夫，简化大学生创办企业和企业运营中的各项程序，减免相应的行政管理费用，减轻大学生企业的负担，同时在各项税收中给予大学生企业更高比例的优惠。

3. 技术支持

大学生企业在创办后很可能会遇到一些核心的技术问题而阻碍其进一步发展，这时候政府需要制定相关的法律法规保证大学生企业核心技术的获得，特别是要求国有企业和知名企业在条件允许的范围内尽量和大学生企业进行技术交流，在技术层面给予大学生企业一定的援助。而高职的科研力量也可以成为帮助大学生企业改良技术的有力平台，像日本经济产业省那样将高职老师和同学的科研成果转化成产品，同时大学生企业在产品获利后可以反哺学校的科研力量，进一步促进高职的科研水平，从而形成一个教学—科研—产出的良性循环。

4. 项目支持

大学生企业在创办之初尽管有好的发展前景和运营模式，然而如果没有好的项目，不能盈利，那么仍然不能长久地生存发展。大学生刚刚毕业，必然没有足够的关系网和社会网，市场渠道的不畅也会导致大学生创业的失败。政府和社会组织应该正确、合理、积极地引导，分配一定比例的政府采购项目和社会采购项目给大学生企业，帮助其顺利拿到订单和合同。

## （二）构建完备的创业教育支持体系

高职作为大学生创业前期理论学习的基地，对于培育大学生相关的专业理论知识、创业基本技能以及大学生的艰苦奋斗、持之以恒、敢于创新的企业家冒险精神有着十分重要的作用。由于各方面的原因，这些举措都没有很好地执行和推广下去，因此我国大学生创业积极性不高，创业理论知识储备不够，创业者基本素质没有得到很好的锻炼。创业教育是成功创业的重要因素，有必要大力开展创业教育，为大学生创业奠定理论基础。

1. 纳入学分

高职要把创业教育纳入学分体制，使创业教育成为如同专业课一样的必修课，使尽量多的大学生接触到高职的创业教育。对创业教育任务进行评估也会使高职的创业教育更加灵活丰富。各种创业技能、创业培训和创业活动的开展都将是大学生拿到学分毕业的必要环节。将创业教育纳入学分是高职进行创业教育的有效前提，有利于创业教育的普及。

2. 课程设置

在成功将学生拉到创业课堂里后，如何让参加创业相关课程的大学生保持兴趣、积极投入从而能够真正掌握相关的创业理论、创业想法就成了高职创业课程设置所要关注的问题。课程设置的核心问题一方面是在各个高职的各个特色专业和相关专业开设渗透性的创业课程，使类似于化工、机械、生物等理工科的专业和法律、文史、会计等文科性的专业都有可以创业的切入点，并能够有机地结合文理专业，使学生和老师能够充分地交流，开放全面特别的创业理念；另一方面考虑到在调查问卷中绝大多数学生更在意的是创业相关课程的内容和形式，可以摒弃以前传统应试教育老师讲课、学生听课的死板模式，借鉴如美国百森商学院的圆桌会议、麻省理工学院的创业课程试验、斯坦福大学的模拟商业谈判等创业课程形式，使学生充分地了解和模拟今后的创业流程，并在此过程中结合灌输相关的创业知识，使学生在模拟试验中自觉地克服创业困难，培养冒险精神和创业品质，这不仅仅使高职的创业相关课程更加灵活、生动、有趣，也起到了培育大学生创业者素质的作用。

3. 创业竞赛

美国百森商学院和得州大学奥斯汀分校最早于 1984 年在高职内开展创业计划大赛，后来美国的多所高职，如纽约大学、斯坦福大学、芝加哥大学等都开展了相应的创业计划大赛，来鼓励大学生创业。我国清华大学于 1998 年开展“清华大学创业计划大赛”，之后的“挑战杯”“大学生创业求实杯”等多项创业大赛也相继开展，并取得了一系列成果。

## （三）构建强有力的创业资金支持体系

企业的创建、运营、维系都需要资金的注入，资金链状况的良好对于一个企业正常健康发展有着相当大的作用。资金困难是大学生创业的第二大难题，只有有效地通过各种渠道来引入资金，才能支持大学生将创业构想转化成创业成果。因此，建立和完善以家庭、学校、政府、社会为基础的资金支持体系对于大学生创业有着极其深远和实质性的影响。

1. 家庭支持

从对大学生创业基本状况的调查来看，超过 70% 的大学生的创业原始积累，也就是我们常说的“第一桶金”是来自家庭、亲戚、朋友。这一方面说明在现行的金融市场上，想要通过商业信贷来支持创业还十分困难；另一方面也说明相关的法律法规和优惠大学生创业的资金政策还不完善，亟待出台。家庭资金支持除了指大学生的自有资金和通过亲戚朋友的帮忙所获得的资金和物资外，还包括家庭对于大学生创业的精神支持。精神支持是指家庭成员赞同大学生的创业行为，能够减轻大学生毕业后对其成家立业、赡养父母等经济负担的精神压力，能够容忍创业所抛弃的机会成本和创业失败的损失，相当于减轻了大学生创业负债的压力。这两方面的结合对于大学生创业初期生理和心理的压力有极大的缓解作用。

4. 学校支持

高职的资金支持可以有效地减少大学生创业的时间成本，缩短创业周期，使大学生在高职内专心于理论知识的学习、创业技能和创业品质的培养以及创业计划和创业构想的实施。高职的资金支持可以从三个方面去实施完成：一是将科研成果商业化；二是举办高品质的创业竞赛进行创业奖励；三是直接设立创业种子基金。我国很多大学也相继设立了创业基金，这都使其成为创业教育和创业支持工作的示范学校，有力地支持了大学生创业。

5. 政府支持

大学生在创业初期遇到困难时最希望得到高职和政府的援助。政府对大学生创业的资金支持可以从以下几个方面入手：第一，相应的资金政策。除了对大学生创业减免相关的税费之外，降低大学生创业的门槛、提供相应的资金政策也是很好地减轻其创业负担的办法。第二，银行贷款。政府可以硬性规定国有商业银行设定一定比例的商业贷款给大学生企业，贷款利率在各地做相应的调整，同时建立适合的担保预约制度，保证大学生可以相对容易地进行融资。第三，政府设立创业基金。

6. 社会支持

社会的资金支持主要是指通过市场上的一些民间组织和市场力量来帮助大学生企业融资，这是对大学生创业融资的一个补充。整合各方力量，对大学生企业进行融资援助，具体有以下三个方面内容：第一，我国的民间非营利组织（NPO）可以联合一些专门的机构投资者对项目较好的大学生企业进行风险投资，这也是国外比较常见的一种投资方式，尽管是带有股权性质的投资，但机构投资者会在咨询、财税等各方面对大学生企业进行援助，这也是本章比较推荐的融资模式，提高了大学生企业的存活率。第二，我国民间非营利组织可以组织一些企业来投资与其发展方向相关的大学生企业，作为加盟公司、旗下公司、技术联合等，这将对双方的发展起到积极正面双赢的效果。第三，民间非营利组织直接提供资金援助或者直接贷款，但是可能资金数量小、利率高，所以贷款的大学生需要反复斟酌，有一定的局限性。

### （四）构建完善的创业服务支持体系

助力大学生创业获得成功需建立一套完整的服务支持体系，这为大学生创业起到润滑剂的作用。

1. 创业基地

大学生在获得了创业资金、创业项目之后，往往需要一个固定的办公场地进行日常的管理办公、生产办公、科研开发办公等，而创业基地，有时候我们也称“孵化基地”“孵化园”就能够满足大学生这样的需求。这种创业基地往往固定建在大学校园或经济产业园中，在起到很好的作用之后，需要将自己的创业构想转化为创业产品并在市场上销售，如果不能将创业构想进行盈利化、市场化，那么大学生创业的失败则不可避免。由于缺乏市场经验和营销渠道，大学生创业需要政府、高职、社会的市场导向支持，除了在政策支持中提到的政府要拿出一定数量的政府采购合同给大学生企业，帮助其拿到订单外，还需要广大的社会力量将大学生企业所在领域的相关信息进行资源共享，最大限度降低信息不对称的程度。大学生创业者要在政府、高职、市场的引导下更好地了解自己从事的相关行业信息，确认自己的客户资源，完成市场细分，对自己核心的领域有的放矢，成功创业。

2. 管理服务

创业支持体系不仅要让大学生企业成功地建立，更重要的是如何让大学生企业健康成长，不断壮大。管理服务水平将直接影响大学生企业的后期存活率和发展状况，以下也从以下三个方面进行概括：第一，在创业基地、大学创业园等设立专门的管理服务部门，对大学生企业所遇到的法律、财税、会计等相关的企业基础常识提供咨询与援助，使大学生企业尽量少走弯路。第二，内部管理，要让大学生创业者了解企业的产权结构和现行的企业组织结构，在合理的分配和设计下，能够让企业避免产生一些不必要的纠纷和问题，从而让企业在创办后能够较为良好地运转。第三，对大学生企业的相关人员进行再培训。培训的内容不再是创业的相关问题，而是关于行业内的基本问题，包括在企业内任职不同的员工应该承担哪些相应的权利和责任并具备怎样的素质和能力，努力提升企业的核心竞争力，使大学生企业能够尽快做大做强，创业集群辐射效应使创业的大学生都在这个孵化基地进行创业，相互交流，提高了大学生企业的存活率。

## 三、“互联网 +”背景下大学生创业支持体系的对策建议

这些年来，从中央到地方，政府对大学生就业创业给予了高度关注，纷纷出台了各种措施鼓励和引导大学生就业或创业，这也是一项民生工程，关乎千家万户，关系每个毕业生家庭的幸福，关系社会的和谐稳定随着政策效应的产生，大学生创业的热情不断高涨，这为政府、高职和社会完善和实践大学生，创业支持体系提供了实践平台。

### （一）“互联网 +”背景下创业形势分析

互联网能使创业成为一种生活方式，让创业教育成为一种思维，具有开发性、包容性；利用互联网技术平台可以实现不受时间、空间约束的立体式教育。

1. 政府政策制度体系的支持

随着社会经济的发展，国家越来越重视创业和创新，正在加快改革科技成果产权制度、收益分配制度和转化机制，让科研人员取得更多股权期权等合法权益，更好体现知识和创造的价值；不断简化创业行政审批手续，降低创业门槛，加大对创业和创新的扶持力度；大力破除技术壁垒、行政垄断的藩篱，创造公平竞争的市场和法治环境，构建支持创业和创新的制度体系。

2. 经济发展的内在需求

大众创业、万众创新是经济增长的新引擎。当前，我国经济从高速增长阶段进入中高速阶段，传统依靠丰富廉价的劳动力发展经济的方式已经无以为继，经济增长动力不足是经济发展最为核心的问题，必须要为经济找到新的引擎。随着经济向形态更高级、分工更复杂、结构更合理的新常态过渡，增长驱动力必须由要素驱动、投资驱动向创新驱动，这既是经济发展的阶段性特征，也是现实选择。

3. 全民创业的文化环境

受过高等教育的年轻人正在成为社会劳动的主力军，他们思想上更开放，更具有国际化的视野，也深受互联网的影响，创新创业文化已经深入到他们每一个人的内心深处，创客文化成为年轻人中流行的文化。随着国家的鼓励和推动，全民创业的文化氛围正愈发浓厚。

4. 个人价值实现的重要方式

创业创新为每个人提供了一个以勤劳致富、实现梦想的公平机会，创业创新正在成为实现个人价值的重要方式。

### （二）“互联网 +”背景下大学生创业方向建议

1. 利用电子商务线上创业

“互联网 +”为大学生创业提供了巨大的、方便的平台，大学生可利用网络平台创业开店，一方面可充分利用高职的学生顾客资源；另一方面，由于熟悉同龄人的消费习惯，因此入门较为容易。

2. 利用网络技术、技能创业

大学生群体中不乏网络高手，其身处科技前沿，有近水楼台先得月的优势，百度、网易、腾讯等大学生创业企业的成功，就是得益于创业者的网络和技术优势，有意在这方面创业的大学生可积极参加一些创业大赛，获得更多的机会，以便吸引风险投资和慈善投资的关注，包括软件编程、网络服务、动画开发等。

3. 利用互联网进行在线智力服务

在智力服务领域创业，大学生游刃有余。智力是大学生创业最丰厚的资本。智力服务创业项目门槛较低，投资较少，如家教、程序检测、设计、翻译等，一张桌子、一台电脑就可以开业。

4. 连锁加盟领域

据调查，在相同的经营领域中，个人创业的成功率低于 20%，而加盟创业的成功率则高达 80%。对创业资源十分有限的大学生来说，借助连锁加盟的品牌、技术、营销、设备优势，可以以较少的投资、较低的门槛实现自主创业。比如，快餐业、家政服务、校园超市、数码快印等。

### （三）“互联网 +”背景下大学生创业支持体系对策建议

大学生创业的培育和引导是一个长期的过程，除需要政府、社会等各个方面的共同努力外，更需要充分利用当下互联网经济发展势头，以“互联网 +”思维促进大学生成功创业。

1. 以“互联网 +”为载体构建高职创业教育体系

一是利用“互联网 +”技术构建适合各区域的创业教育课程体系。创业教育课程是创业教育理念的主要载体和实现创业教育目标的重要手段，是创业教育实施的主要途径之一，需根据高职所在区域学生的特点和需要，利用“互联网 +”技术构建立体式、全天候、高覆盖的自助课程体系，如开发专门的创业教育网站，网站涵盖创业经典故事、创业网络课堂等；制作“碎片式”手机软件（APP）移动创业课堂，给予一定的流量补贴，鼓励学生随时随地学习创业课程；建立校方创业微信群，让创业者有问题随时得到解答等。

二是基于“互联网 +”技术构建高职创业教育实践体系。创业是一种实践性强的活动，要利用“互联网 +”技术设置一系列创业实践活动，改变传统的实践方式。如构建线上线下创业实践平台体验、网上模拟创业。校方可利用“互联网 +”技术建立网上大学生创业园，组建虚拟学生创业公司，线上线下实战经营；建立远程创业视频系统，与创业教育专家和创业成功人士互动交流，创业实践活动要突出“创造性、实践性”特色。

三是以“互联网 +”技术为支撑建立高职创业教育评价体系。创业综合素质、创业能力、创业学生的数量等指标不能全面反映创业教育状况的实际。为更好地确定创业教育实施情况和最终效果，需利用“互联网 +”技术建立以创业率、创业成功率、创业教育影响力等因素为核心指标的创业教育评价体系；建立相关模型，用大数据分析法得科学结论，以推进创业教育健康持续发展。

2. 强化学生创业教育和指导，培养大学生创业理念和创业能力

在传授专业知识的同时，应将创业教育纳入高等教育的课程体系，改革人才培养方案，使创业教育成为大学生的必修课程，进行系统的传授，培养大学生的创业意识和创业能力。在大学生实习阶段，对有创业意愿和创业能力的大学生，高职就业指导部门应及时将其推荐到大学生成功创业的企业或其他创业型企业中进行学习交流和实习实践，增加大学生对创业的感性认识，积累创业经验，增强创业自信。

3. 为大学生创业提供个性化扶持，提高首次创业成功率

政府部门在简化大学生创业审批程序，放宽对创业的注册资金和场所的限制，减免创业行政收费，落实税收优惠政策等基础上，结合大学生文化水平高、综合素质高、社会经验少的特点，引导其从事与所学专业或兴趣对口的创业项目，将个人兴趣、专业与创业方向结合起来。并成立由高职专业教师和创业企业家组成的“创业导师团队”，对刚起步的大学生创业企业进行一对一的帮扶。

4. 大力开展创新创业竞赛活动

社会和科技部门应通过开展“大学生创业创意大赛”和“大学生创新创业分享沙龙”等活动，鼓励和引导大学生将创新创意转化为创业项目，营造大学生创业的良好氛围，并以此活动为契机，搭建大学生与创业伙伴及创业投资人的线下沟通交流平台。高职或相关政府部门应针对大学生缺乏社会经验、人脉资源、企业管理经验和销售渠道等情况，根据不同创业大学生的专业优势和性格特点，积极组织协调多个大学生进行共同创业，各司其职，优势互补。政府应开展创业实训、模拟运作和孵化培育等公共服务，并鼓励和引入民间和社会力量组织专门的创业指导机构，为创业者提供法律、投资和财会等专业服务。

5. 充分运用“互联网 +”新理念，打造大学生创新创业新模式

对大学生创业企业，特别是传统产业的企业，应充分运用“互联网 +”新理念，将传统企业与互联网完美融合，走信息化与工业化相融合的路子。对于大学生创立的小微科技企业，应充分利用互联网优势，为企业打造一个开放式创新平

台，采取“众包”模式，汇聚全社会的创新力量，并以此为载体，为客户提供各类个性化的服务和体验，加快企业创新和个性化发展步伐。

6. 基于互联网技术搭建众创服务平台

政府应适应新型创业型孵化平台的特点，简化登记手续，对“众创空间”的房租、宽带网络、公共软件等给予适当补贴，尽量降低搭建平台的成本；让青年人特别是大学生的兴趣与爱好转化为各种创意，通过网上“创客联盟”、网下“众创空间”等平台将其汇聚起来，逐渐把孕育于移动互联、根植于创业草根、适用于创新创意的空间，打造成培育各类青年创新人才和创新团队的空间，在创意者、创新者、投资人之间实现信息对称、项目对接、资本对接的创新型创业孵化综合服务平台，努力把各种创新创意转变为现实；鼓励科技创业企业充分发挥网上“创客联盟”和网下“众创空间”平台的优势，集中开展技术难题攻关和创新创意研发，这样不仅能降低企业科研成本，而且有利于营造“万众创新”的社会氛围。

7. 积极搭上互联网经济发展势头，引导大学生开展电子商务创业

开展大学生网上创业模拟实训，提高创业人员的操作能力；打造大学生电子商务创业实践基地；积极引导大学生电商企业进驻电商创业园，为大学生电商企业提供电商培训、电商企业孵化和运营的一体化服务；对大学生电商创业实行以奖代补，并对创业初期的小微电子企业实行社保补贴和场地租金补贴。

8. 加大资金扶持力度，创新创业融资形式

目前，我国高等学校毕业生创业的特点决定了毕业生更需要风险投资，因为他们缺乏资金。我国的风险投资体系不够完善，信用制度很不健全，融资是高等学校毕业生必须要解决的问题，不然创业就无法进行下去。为此，政府应该主动牵头，搭建大学生创业的融资平台，为其融资创造有利的环境，建立大学生信用体系，加快和完善资本市场体系建设，为大学生创办的中小企业建立成熟的融资、投资体系。另外，政府可以对帮扶大学生创业的社会企业给予一定的奖励，引导社会力量支持大学生创业发展。

首先，各级政府应设立专门的大学生自主创业储备基金，重点资助本地区具有一定科技含量和良好发展前景的大学生创业项目。其次，政府可考虑将下岗失业人员小额担保贷款的申请对象扩大到创业的大学生，增加大学生创业扶持资金的来源渠道。再次，充分发挥“种子资金”的带动效应，由政府出少量

资金，带动社会和民间资金，成立“大学生创业风险基金”，再由第三方专业机构对申请资金的创业项目进行风险评估，通过评估后的创业企业可获得基金支持。最后，政府和金融系统应支持大学生创业企业通过成熟的金融市场获得更多的资金，发展多种融资渠道，如以大学生申请的专利或其他知识产权来进行融资，为大学生创业提供更多资金支持。

在推进小额贷款公司时要明确小额贷款毕业创业贷款的比例；制定政策规定各商业银行对高职学生创业贷款计划单列，加大贴息贷款力度；建立中小企业信用担保体系，促进银行贷款向高职学生创业企业的倾斜；设立高等学校毕业生投资机制，形成大学生创业的助推器。

9. 整合社会创业政策，提高大学生创业的服务保障能力

梳理政府对社会各类群体的创业优惠政策，实现政策的普惠性，放宽对大学生创业的注册资金和场所的限制，落实税收优惠政策；加强大学生创业园建设，建立创业园人才信息库，提供园内创业大学生的信息交流平台；建立定期为创业企业提供与国外企业学习交流的机制，全方位、多层次地为大学生创业服务；依托大学生创业园和创业孵化基地，为有创业意向的大学生免费提供创业指导、创业培训、税费减免、小额贷款等。“一条龙服务”切实提高对大学生创业的服务保障能力。

10. 建设创业实践基地，激励和满足大学生创业需求

创业环境通常指的是围绕创业成长发展而变化的，并对企业实时产生影响的一切因素的总和。创业环境具有区域性，不同的地方的社会结构、经济发展水平不一样，给予的优惠帮扶措施也不一样，这些因素都将对创业企业产生重要影响。

大学生创业基地具有社会公益专业性质，政府应在资金和政策上给予支持，但从国家和目前一些地方财政的承付能力看，大学生创业基地不能完全依赖于政府的支持，创业基地要通过探索和开发满足市场需求的服务产品和服务方式，不断提高创业基地的自我生存能力和自我发展能力；要把承担政府政策性、公益性目标与基地的自主发展结合起来，积极寻求自主经营和可持续发展空间。

政府要加强大学生创业基地建设和高科技创业孵化器的建设；要建设专门的创业园，通过集聚效应降低大学生创业风险，提高其创业成功率，在大学生创业园区内建立完善的帮扶机制，引导社会力量和民间资本参与大学生创业；

要通过孵化科技产品，加快项目转化，从而帮助大学生成功创业，促进大学生创业；要整合有限资源，有针对性地支持创业项目，形成规范的、科学的支持体系，从而为大学生创业搭建一个合理、公正的支持帮扶系统。

11. 提供完备的创业指导咨询服务

建立与完善中小企业社会化服务体系是《中华人民共和国中小企业促进法》的规定。中小企业社会化服务体系是以服务社会各类中小企业为宗旨，以营造良好的经营环境为目的，为中小企业的创立和发展提供多层次、全方位、网络化、社会化服务，大学生创业支持体系就是这个网络的一部分。只有构建一个好的网络，才能够提供好的服务。

构建高职学生创业支持体系，一是要树立以人为本的服务理念，从大学生创业的实际需求出发，不断完善和创新服务内容。服务的重点包括：为有意创业的大学生提供创业咨询、创业指导与策划、创业培训等服务；为注册登记两年内的新创办的大学生创业企业提供财税、法律、劳保、外贸等代理服务，以及政策与信息服务、管理咨询服务、技术服务、融资指导服务、人员培训服务等。二是鼓励各类服务机构多渠道征集、开发创业项目，建立“创业项目信息库”和“创业者信息档案库”，及时为大学生创业提供服务，帮助大学生掌握基本创业技巧，指导制定创业计划的规划创业项目，帮助其实现创业。通过多方面的指导帮助，采取多种形式来帮助大学生创业，构建合理的支持服务体系，使大学生能成功创业。

建立高素质的创业教育培训的辅导员队伍是创业教育服务支持工作的基础，各级政府和相关职能部门要把当地各行各业有经验的人组织起来。比如，优秀的企业家、法律专家、管理咨询专家等，为高职学生创业服务；要创立创业辅导员选聘及管理制度，使其成为地方创业服务的重要力量。有条件的地区可以组织“专家咨询学生”“创业服务志愿学生”深入实际开展高职学生创业服务。

12. 多措并举提升大学生创业能力

长期以来，由于传统的观念，大学毕业就是读研、就业、出国等，这样的培养模式束缚广大学生的创业思想和行为，创业教育和培训严重缺乏。为此，对大学生进行创业教育培训势在必行。创业培训教育是激发和提高大学生创业能力的重要一环。家庭教育同样缺乏对大学生创业进行教育。因此，为培育大学生的创业精神和理念，使其树立一种创新意识，高等学校必须改变传统的教育模式，转变职业观念，加大创业教育的力度，不断根据变化的形势，实时设置创业教育课程，把创业教育纳入教学计划，形成一个完善的创业教育课程培养体系，使学生的创业能力和潜力充分得到发挥，形成良好的创业教育氛围，促成大学毕业生积极创业。学校应该设立有关创业教育的激励机制，把教师的积极性也充分调动起来，不断指导帮助大学生创业，建立一套合理的、有效的目标体系，保障创业教育的顺利进行。

大学生创业教育是多方面的，仅靠高职本身是远远不够的，还必须得到政府的大力支持、企业的鼎力相助。企业家可以走进校园为学生授课，讲授实战经验，对大学生创业进行指导。政府应整合有限资源，有针对性地帮助大学生创业。只有在全社会营造良好的创业支持氛围，从支持大学生创业中受益，才能真正建立起社会的支持体系，高职学生创业教育才能得到长足发展。

13. 为大学毕业生创业配备“师父”

大学毕业生刚创业，一个很重要的方面就是缺乏实践经验，给他们配备创业导师是十分必要的，导师是校外的有实战经验的企业家或职业经理人等，能够及时解决大学生创业过程中遇到的问题，使大学生少走弯路，这样能提高大学生创业成功率。具体措施包括举办拜师会、学校聘请相关项目的企业家、学生和导师相互了解、学生和导师双向选择，这样就可以加强对学生创业实践的针对性指导。

14. 建立挫折“发泄坊”

学校不仅要对创业成功的学生进行表彰，大力宣传，也要为创业受挫的学生营造包容、鼓励的良好氛围，这样学生才不会害怕创业，不会恐惧创业，会把创业当作一件平常的事情来做，这样压力就更小了，更有利于学生全心投入到创业项目中。只有这样，才会有越来越多的人加入创业的大军中来，如举行创业经验座谈会、创业失败总结会，对创业失败者进行“把脉”，疏导其情绪，加强再培训等。建立创业受挫“发泄坊”让创业失败者在一定范围内充分释放情绪，再审新整装出发，改进不足，完善手段，继续创业的项目。

# 第五章 “互联网+”背景下的高职创新创业教育模式

## 第一节 互联网创业模式

从农业时代、工业时代到信息时代，人类社会已经进化到网络时代。半个世纪前开始的信息产业革命以及正在发生的移动网络革命，是迄今为止人类对社会做的最巨大的一次改造。网络的发展加快了经济全球化进程，改变了人类的生产、流通、分配、消费方式，出现了虚拟货币、网络市场、社区商务等新的经济现象。同时，社会经济和文化的发展催生了互联网和新兴媒体的创新，社会的组织方式已经发生根本性的变化。

### 一、互联网时代的新商业思维

过去 20 年，互联网主要改变的是人们的消费行为和消费环境，可以称为消费互联网的时代；那么，未来 20 年，应该说到了产业互联网的时代，每个行业都要被这样一种互联网所改变，这种改变会超过工业革命带给我们的改变。未来企业要有企业的智商和企业的运行逻辑。企业的智商就是能够在整个互联网上不断获得和加工数据的能力，企业的运行逻辑就是互联网时代的思维方式。

早在2010年阿里巴巴集团10周年的庆典上，马云就以“新商业文明的力量”为题发表演讲，称阿里巴巴集团的使命就是去打造新的商业文明，并通过新商业文明论坛发布了《新商业文明宣言》。其内容概要如下：

21 世纪的今天，新商业文明正在快速浮现。云计算和泛在网正在成为信息时代的商业基础设施；按需驱动的大规模定制，正在成为普遍化的现实；企业与社会的关系越来越契合，企业和消费者的关系更趋平衡；商业生态系统逐步成为主流形态；越来越多的社会成员的工作、生活、消费与学习走向一体化；

自发性、内生性、协调性正在成为网络世界治理的主要特征。

开放、透明、分享、责任是新商业文明的基本理念。新商业文明拥有开放的产权结构与互动关系，开放是新商业文明创新的灵魂；新商业文明追求透明的信息环境，透明是新商业文明出发的起点；新商业文明倡导共有的分享机制，分享是新商业文明形成与扩散的动力；新商业文明奉行对等的责任关系，责任是新商业文明不可分割的一部分。

让商业回归人、回归生活，是新商业文明的梦想。未来所有的商业运作都将围绕着人而进行，商业将重新焕发出人性的光辉；生活的逻辑将支配商业的逻辑，不是在竞争中争夺机会，而是要在生活中进行选择和创造；新商业文明让消费者成为经济生活的主人，让小企业也成为幸福的源泉。

未来存在于现在，预测未来的最佳方式就是创造未来！专家、企业家呼吁各界有识之士，以勇气、智慧与持续探索，共创信息时代的新商业文明！

到了2016年，这场新商业运动似乎愈演愈烈。这里提到的“开放、透明、分享、责任”是新商业文明时代的典型特征。当然，我们所指的“新商业文明”，绝对不是某个机构拿来炒作的噱头，而是真真切切发生在我们身边的。当消费者主权时代真正到来，当“用户体验至上”成为商业运行的重要法则，我们的商业社会真的在发生变革。以互联网科技为代表的新经济，正在带领我们驶向新商业文明时代。

“以人为核心”的互联网思维是新商业文明时代的指导思想。互联网思维成为一种新的商业智慧。未来所有的商业行为，都要以互联网思维为起点。

中国互联网元老田溯宁说：“未来的企业要互联网化，每家企业都要有互联网的思维。”在未来，不用互联网方式来思考问题，就没办法在社会展开竞争。

## 二、互联网时代商业思维的核心

很多企业在互联网经济中铩羽而归，是因为没有抓住互联网思维的核心——人性。要抓住这一核心，用好互联网思维，必须抓住以下几个关键点。

### （一）参与感

在过去传统经济模式下，消费者更多的是被动接受，而现在消费者充分享受或表达参与感的要求越来越强烈。让消费者享有参与感，让他们自由地表达、表现，不但会让他们的自我意识得到充分满足和尊重，而且会大大调动他们对品牌或产品的好感与信赖，从内心培养他们对企业和品牌的忠诚度。

当然，参与感并不等同于实际意义上的全民参与，更多时候是互联网时代尊重消费者的自我意识，让其自由表达、表现。通过参与感的打造，最终给消费者的无论是产品还是服务都仿佛是为他们量身打造的。

### （二）愉悦性

互联网时代，随着社交范围的扩大和思维的转变，人们更加注重愉悦的心理感受。在这个时代，要把客户当成最亲密的朋友，要把让客户感受到快乐、愉悦的良好体验贯穿到与客户打交道的每个细节当中去，不但要保证产品的质量，而且要把用户的体验做到极致，为客户提供的服务要真正地深入产品整个销售链条的每个环节当中去。先有体验，后有营销，让每位能为自己带来流量或销量的客户时刻感到舒服，你离成功就不远了。

坚果电商品牌“三只松鼠”做得好，是因为它的产品无人能及还是价格更低？它的成功最重要的一点，是靠它独特的“主人文化”以及一系列细致入微的贴心服务，让客户真正体验到了愉悦。

### （三）物超所值

互联网思维下的物超所值不仅仅是人们所理解的传统经济模式下的买赠、打折等促销手段，这种物超所值更多是品牌和服务所带来的心理感受。

品牌及品牌文化作为产品本身价值之外的附加值对于消费者永远有着不可忽略的拉动作用。一个优秀品牌，带给消费者的不仅仅是认可和信赖，更是一种物超所值的感受。小米手机作为后起之秀，短短几年时间，为什么能在竞争激烈的国内手机市场迅速崛起？为什么能够成为为数不多的敢于同国外苹果、三星等大品牌相抗衡的国内品牌？那就是因为“小米”品牌带来的物超所值，也就是生活中很多小米的使用者经常说的“顶级的配置、平民的价格”，性价比绝对超值。

另外，在互联网时代，服务也是物超所值的一种表现形式。企业在价值链各个环节如果都能做到“以客户为中心”，时刻为客户提供细致入微、优良的服务，也会给消费者带来一种心理上的物超所值感。就拿“三只松鼠”来说，客户只要购买了产品，得到的除了坚果，还有一系列的细致服务，正是这种看似不起眼却处处时时“以客户为中心”的细致周到的服务，给消费者带来了一种物超所值的感觉，从而轻易俘获了成千上万客户的心，创造了互联网时代的一个销售奇迹。

### （四）口碑

过去那种通过买通媒体单向传播、制造热门的商品诱导消费行为的模式发挥的作用越来越小，甚至已经行不通。互联网经济模式下，更重要的是口碑传播，可以说，互联网上唯口碑好者生存。

一个企业要想有好的口碑，首先要有好的产品。好产品是口碑的发动机，是所有的基础。产品是“1”，品牌营销都是它身后的“0”，没有前者，后者全无意义。另外，好口碑仅有好产品还是不够的，还要善于运用工具，借助社会化媒体，如微博、微信、QQ 等传播开来。社会化媒体作为互联网时代品牌营销传播的主力军，其链式传播速度之快、影响之深已远远超越传统媒体。当然，并不是动用了社会化媒体就是口碑传播，口碑传播也不是自说自话，而是站在消费者的角度，以民主、开放、平等的态度，站在用户的角度和用户沟通，这样的口碑传播才能起到事半功倍的效果。

商业思维作为一种大智慧、行动指南，在互联网多变的经济形态下，需要企业多多运用，对企业运作裨益无穷。

## 三、网络商业模式中的主流模式

回顾过去十多年历程，中国互联网企业在摸索中前行，最终探索出无线业务、网络广告和网络游戏等行之有效的商业模式。在未来五年、十年，互联网领域将会呈现怎样的特点，中国企业应当如何把握潜在的变化，已成为行业普遍关注的问题。随着互联网用户的增长，特别是无线互联网用户的增长，未来将有更多的用户花费更多的时间上网，用户和上网时长的增加将为整个互联网行业带来新的商机，而其中最为核心的商业模式，无外乎个人增值业务、网络广告和电子商务这三种。

所谓个人增值业务，即向用户收费，目前的网络游戏、无线增值以及网络增值业务均属于这一类型。网络广告收入包括品牌广告收入、搜索广告收入等，这是在中国和欧美都非常流行的商业模式。随着中小企业电子商务的发展，它们在网络广告领域的投入也会越来越多。而电子商务也存在巨大的增长空间，无论是 B2B、B2C 还是 C2C 都将为整个互联网行业带来巨大的收入。上述三种商业模式不仅仅是中国互联网行业增长的模式，也将成为全球互联网行业的主流商业模式。网络商业的五大主流模式如下。

### （一）网易：我什么都有

网易今天已经牢牢占据中国几大综合门户网中的一把交椅。无论从哪方面来说，丁磊和他的网易都取得了巨大的成功。综合门户今天听起来是一个很好的概念，但对互联网创业者来说是一个“恐怖”的概念，因为它已经遥不可及。综合门户的意思就是“我什么都有”，放到现在看，这确实已经算不上什么创意。但在丁磊创业的那个时代，互联网完全处在“草根”阶段。无论什么东西对网民来讲，都是新奇的，一个信息量大、信息更新快、信息全的网站无疑就是广大网民的最爱。所以，网易能在短时间内抓住大量用户，这也是它日后成功的基础。

### （二）百度：培养用户的上网习惯

你今天“百度”了吗？“搜商”正变成一个越来越流行的词，“百度”也被人们当成动词来使用。如果你遇到一个难题，请问你第一步做什么？如果有上网条件，肯定是去网上（百度）搜索看看。

搜索，对商家而言，就是把他们的商品最快、最直接地呈现给有需求的客户。而对我们来说，就是为我们提供了一条最快、最直接获得信息、答案的渠道。它把全社会、全网络的资源集中起来给每一个人使用。这是它的优势，它成功的原因在于：培养了网民的一个网络使用习惯——搜索，准确地说是培养了广大网民使用百度进行搜索的习惯。当百度搜索成为网民上网时的一种必需、一种习惯的时候，百度想不成功都难。

### （三）阿里巴巴：带领“穷人”闹革命

这个“穷人”指的是广大中小企业。1999 年，马云投身电子商务的时候，全球互联网所做的电子商务基本上是为全球顶尖 15% 的大企业服务的。但马云生长在私营中小企业发达的浙江，从最底层的市场滚打过来，深知中小企业的困境。他毅然做出决断——“弃鲸鱼而抓虾米，放弃那 15% 的大企业，只做 85% 的中小企业的生意”。

如果把企业也分成富人和穷人，那么互联网就是穷人的世界。因为大企业有自己专门的信息渠道，有巨额广告费，小企业什么都没有，它们才是最需要互联网的人。“而我就是要领导穷人起来闹革命。”正是这个创意，使马云获得了今天的成功。马云不愧是个精明的商人，当别人还在想着让网民来看信息、资讯的时候，他就想到了如何让大家通过互联网来赚钱。

可能不是所有企业上阿里巴巴都能挣到钱，但以利润为命脉、以销售渠道为主要困难的中小企业岂会放弃这样一个可能的机会？哪怕不行，也总要试一试。当大家都上来试一试的时候，市场就形成了。

### （四）微信：“企鹅”凶猛，“聊”得天下

微信不需要多说，因为我们都对它太熟悉了，大家每天早上打开手机第一件事恐怕就是打开微信，每天上网使用时间最长的也是微信。也正是因为如此，微信才获得了今天的成功。

当年的 QQ 一上线，网民表现出的极大热情就给了马化腾极大的启示。因为网民已经不满足于只在网络上看信息，他们需要互动，需要交流。在线聊天对那时候的网民来说实在太富吸引力了。有了 QQ 运作的经验，微信得以在短时间里用户暴增，以至于现在我们都离不开微信了。微信其实和百度很像，也是培养了网民的使用习惯，不是聊天的习惯，而是使用微信进行聊天的习惯。这也是其他聊天软件都被微信打败的原因。

### （五）搜房网：抓住热点，借势爬坡

这年头还有什么东西比“房子”更值得人们关注。经过改革开放这些年，衣、食、住、行四件事，人们已经解决了衣和食的问题，接下来自然是住的问题了，于是中国的房地产成了人们关注的焦点。机会来了，搜房网应运而生。买了房的，正在买房的，准备买房的，都跑到搜房网上看最新的资讯，发表各自的看法，搜房网就“火”了。

但也不是那么简单，房地产的火爆是基本条件，搜房网的创始者莫天全的眼光和独到的经营思维是必要条件。现在只要想到买房或者租房，80% 的人会想到上网，而其中又有 50% ~ 60% 的人会直奔搜房网。

# 第二节 新时代的互联网思维

## 一、什么是互联网思维

但凡做企业的，不管是新创的还是在互联网冲击下转型升级的，互联网思维已经成为大家的口头禅。但究竟什么是互联网思维?

### （一）互联网思维是相对工业化思维而言的

一种技术从工具属性、应用层面到社会生活，往往需要经历很长的过程。珍妮纺纱机从一项新技术到改变纺织行业，再到后来被定义为工业革命的肇始，影响东、西方经济格局，其跨度有几十年。互联网也一样。但因为这种影响是滞后的，所以，我们有时就难免会尴尬：旧制度和新时代在我们身上会形成观念的错位。越是以前成功的企业，转型越是艰难，这就是克莱顿·克里斯坦森讲到的“创新者的窘境”——一个技术领先的企业在面临突破性技术时会因为对原有生态系统的过度适应而宣告失败。现在很多传统行业的企业，面临的就是这种状况。这种困境可以叫“工业人”要变成“数字人”的困境。

### （二）互联网思维是一种商业民主化的思维

工业化时代的标准思维模式是：大规模生产、大规模销售和大规模传播，这三个“大”可以称为工业化时代企业经营的“三位一体”。但是在互联网时代，这三个基础被解构了。工业化时代稀缺的是资源和产品，资源和生产能力被当成企业的竞争力，现在不是了。产品更多是以信息的方式呈现的，渠道垄断很难实现。最重要的一点是媒介垄断被打破了，消费者同时成为媒介内容的生产者和传播者，通过媒体单向度、广播式制造热门商品诱导消费行为的模式不成立了。这三个基础被解构以后，消费者主权形成。

### （三）互联网思维是一种用户至上的思维

以前的企业也会讲用户至上、产品为王，但这种口号要么是自我标榜，要么真的是出于企业主的道德自律。但是在数字时代，在消费者主权的时代，用户至上是不得不承认的事实，你得真心讨好用户。淘宝卖家“见面就是亲，有心就有爱”是真实的情绪表达，因为好评变成了有价值的资产。

### （四）互联网思维下的产品和服务是一个有机的生命体

在功能都能被满足的情况下，消费者的需求是分散的、个性化的，购买行为的背后除了对功能的追求之外，产品变成了他们展示品位的方式。这样，消费者的需求就不像单纯的功能需求那样简单和直接，所以，对消费者需求的把握就是一个测试的过程，要求你的产品是一个精益和迭代的过程，根据需求反馈成长。小米手机每周迭代一次，微信第一年迭代开发了 44 次，就是这个道理。

### （五）互联网思维下的产品自带媒体属性

需求和品位相关联，也就是和人性相关联，所以，互联网思维下的产品就是"极致性更加强大的情感诉求"。这两样东西都是会自动传播的。现在一些和互联网相关的企业还在开新闻发布会，还在把推广当制胜利器，这都是互联网思维不充分的体现。

### （六）有互联网思维的企业组织一定是扁平化的

互联网思维强调开放、协作、分享，组织内部也同样如此，它讲究小而美、大而全。等级分明的企业很难贯彻互联网思维。不管是对用户还是对员工，有没有爱，也是一个重要的评判标准。很遗憾，很多互联网企业还在用工业化的套路做着自己的产品。大家都羡慕小米、极路由的极速发展，但如果不能在观念上进行改变，那么，不管企业做的是App还是其他，本质上还是一个传统企业。

## 二、互联网思维的产生

2013 年 11 月 3 日，中央电视台《新闻联播》头条以专题方式强调了互联网思维——互联网思维的概念从专家领域飞向千家万户。"互联网思维"一词最早是李彦宏提出的。2011 年，李彦宏在一些演讲中就曾偶尔提到这个概念，意思是要基于互联网自我的特征来思考。李彦宏在《中国互联网创业的三个新机会》中提道："早晨我跟优卡网的 CEO 聊天，他把很多时尚杂志的内容集成到网站上，我就问他，为什么这些时尚杂志不自己做一个网站，却让你们去做呢？最主要的是他们没有互联网的思维，这不是一个个案，这是在任何传统领域都存在的一个现象或者一个规律。"

### （一）互联网思维是相对工业化思维而言的

互联网思维就是要对传统的工业思维进行颠覆，消费者反客为主，拥有了消费主权。过去2000多年作为人类文明基石的思想体系将面临新的挑战，我们正在迎来消费平等、消费民主和消费自由的消费者主权时代，整个供应链条上的各个角色，如品牌商、分销商和零售商的权力在稀释、在衰退甚至终结。在消费者主权的大时代下，消费信息越来越对称，价值链上的传统利益集团越来越难巩固自身的利益壁垒，传统的品牌霸权和零售霸权逐渐丧失发号施令的能力。话语权从零售商转移出来到了消费者手中，这是一个划时代的事件，未来全球消费者共同参与、共同分享的开放架构正在形成。这一权力重心的变化，赋予每个消费者改变世界的力量，我们必须主动邀请我们的顾客参与从创意、设计、生产到销售的整个价值链中来。

### （二）互联网思维的表现形式

1. 快速便捷

互联网可以说是人类历史上的一次革命，颠覆了很多传统的工作和生活的方式，其中最明显的是让人们的生活和工作变得更加快速和便捷。例如，人们若想学习，不必再去学校，可以通过网络在线学习知识。

2. 交互参与

过去，无论是哪种传播方式，都带有一种片面的单向性。随着互联网的出现，人们在互联网上可以自由地发表个人的评论，可以在第一时间对媒体等发布的消息发表自己的看法，这在一定意义上更能展现更多人的思想和看法。

3. 免费

俗话说“天上不会掉馅饼”，但是在互联网时代，各大网络巨头和商家为获得更多的用户，争相提供免费的产品。但是我们也要看到，免费只是相对来说，对客户而言，要想获得进一步的权益，就需要支付一定的费用，如腾讯的一些付费装扮和游戏等。

4. 人性化

如今的社会，一般的产品已经无法满足人们的需求，人们在众多可供选择的产品中会选择那些更加个性化的、更加适合体验的产品，因此，企业应将客户的体验放在营销的首要位置。

5. 数据驱动运营

所谓的数据驱动运营是商家不再仅仅看到眼前的利益，而是通过一些免费或者其他有利于客户的活动来收集客户信息，通过对数据的分析来了解客户的需求，进而实现营销的目的。

6. 掐架

所谓的“掐架”不过是互联网“大佬”通过一些矛盾来制造焦点和话题，进而增加品牌知名度，对“掐架”的双方来说不用花广告费就能起到比做广告还要好的效果。

7. 创新

创新是任何一个时代都不可缺少的一种能力，特别是在如今的互联网时代，如果缺乏创新，不论曾经多么辉煌，没落只在朝夕。

8. 打破信息的不均衡性

互联网帮助我们打破了信息的不均衡。在互联网时代，信息的传播更加及时有效，人们甚至可以足不出户地购买外国产品。

## 三、网络创业的发展

### （一）网络创业的概念

基于我国网络创业的实践，网络创业可以从广义和狭义两个层面来理解。从广义层面上看，凡是以互联网及其他电子网络通信设备为基础，发现和捕捉新的市场机会，通过提供新的商品或服务以创造价值的过程就是网络创业，如建立网站；而从狭义层面看，以网络平台为基础，发现和捕捉市场机会，通过资源整合而向消费者提供有价值的产品或服务的过程就是网络创业，如在淘宝网上开店。相比而言，狭义网络创业是在电子商务基础比较完善的情况下的一种普遍的创业形式，现在我国比较普遍的网络创业形式是狭义上的网络创业。

### （二）网络创业的社会背景

1. 电子商务迅速崛起

现在电子商务摆脱传统销售模式登上历史舞台。互联网信息碎片化以及云计算技术愈发成熟，主动互联网营销模式出现，电子商务已经受到国家高层的重视，并被提升到国家战略层面。

2. 就业形势异常严峻

目前，我国社会正处于转型时期，高职毕业生逐年增加，而企业对新增劳动力的需求减少，高职毕业生就业压力越来越大。

3. 网络经济具有巨大的吸引力

作为一个相对独立的新兴经济体系，网络经济拥有无穷的魅力。与传统营销模式相比，其创业成本低、门槛低，店面租金要便宜得多；店面可大可小，无地区、地域限制，订单可能来自任何人、任何地方。网络购物非常方便，随时随地都可能产生订单。如此方便快捷的创业模式有着传统的创业模式不可比拟的优越性。大学生作为与网络接触最密切的人群之一，自然想通过网络创业来赚取人生的第一桶金。

## 四、网络创业的趋势

未来是全面的互联网时代，是连接时代，是云时代，任何社会事业都将与互联网有关。

基于互联网的技术特点及互联网企业的特殊经营模式，互联网创业与传统创业有所不同。

一是互联网创业与最新科技联系紧密，创新性要求高。创业者只有通过树立创新意识，培养新的思维，生产创新产品去打动消费者，才能享受高收益和高回报，才能在竞争激烈的市场中获取一席之地。互联网创业创新是用户导向的，不是生产导向的，因此，互联网创业要发掘消费者习惯，以此重组核心技术。

二是互联网新经济使创业与创新、创投形成“铁三角”。创业过程具有创新难度高、资金投入高、市场风险高等特征，这与股权投资的风险偏好特点相匹配。

三是互联网创业主体多元。随着社交网络扁平化，知识和技术的传播更加迅速，创业主体逐渐多元化——由技术精英逐步拓展到普罗大众。互联网新经济正在进入“人人互联网、物物互联网、业业互联网”的新阶段。

四是互联网创业成本相对较低。创业者只要有创新性的项目就可以通过互联网去寻找人才、资金等，通过组建专业化的团队大幅降低创业成本。互联网缩短了创业者和用户的距离，也加快了创新的步伐。

五是互联网创业产业衍生性强。“互联网+”时代的创业产业链长，衍生性强，与传统产业有广阔的合作空间。“互联网+”创业可为产业升级提供技术上的支持和思维上的革新。

六是互联网创业与多样化的商业模式相联系。通过网络创业者的奇思妙想可以和用户直接接触，满足用户的体验。

七是互联网创业环境相对透明公平，以能力为导向，行业竞争更加良性。互联网赋予每个人获取信息、交流沟通、交易同等的机会，这种普惠的赋能功能，极大地助推了创业精神和创新精神的培育，是典型的市场起决定性作用的体现。

## （一）互联网趋势

1. 网络普及

从全球范围看，目前互联网用户超过 40 亿；据中国互联网信息中心（CNNIC）数据，截至 2018 年 6 月，中国整体网民规模达 8.02 亿，互联网普及率为 57.7%，还有较大的发展潜力。

未来网络普及的动力一方面来自一些互联网巨头相继投入大规模资金部署热气球、无人机、卫星等设备以建设使用网状回路和 Wi-Fi，在空中传输数据，为几十亿处于偏远、贫困地区的人口提供网络服务；另一方面，智能手机价格的下降、传统设备的智能化、低廉的可穿戴设备的普及等共同推动网民规模迅速扩张。

2. 连接一切

目前，全球有超过 52 亿的互联网用户和 500 多亿的物体联网，整个社会也将从人与人、人与信息连接的信息互联网时代迁移到人与人、人与物、物与物相互连接的智能互联网时代。

连接通过网络和传感器实现，连接将产生海量的数据和信息，这些数据资源通过云端的智能分析，服务于个人、企业、政府，从而创造出巨大的经济和社会效益。

3. 万物智能

万物连接之后是万物智能。未来的万物智能依赖于传感、大数据、云计算、深度学习等领域的发展。随着传感器逐步变得微型化、智能化，它们将无处不在，不仅处于周围环境中，感知环境的变化，还能嵌入物体中，实时监测物体数据，甚至能够被植入人体，读取心率、体温等身体信号。

4. 技术爆炸

随着信息技术的发展和数字网络的广泛应用，技术创新的速度呈现指数级增长。显示技术有机会改变未来人与计算机的交互方式，是未来实现人工智能的技术支持。AR（增强现实）、VR（虚拟现实）、WR（混合现实）是三个顺序而又交互发展的阶段，越来越接近自然体验的融合现实正在到来，而所谓融合现实是在家庭、办公室、汽车、地铁、道路等更为广泛的自然场景中，人与现实外在的、生硬的连接，发展到交互融合的阶段。此外，物联网、智能助手、自动驾驶、可穿戴、自然语言处理、消费级 3D 打印等技术将进入大规模资本投入的“热炒”阶段。

5. 商业变革

在信息技术、物联网、能源互联网大规模普及的条件下，生产服务的边际成本趋近于零，这种新的经济模式颠覆了建立在资本积累基础上的资本主义模式，从而驱动了商业上的变革。产业模式、供需模式、生产方式、资金、管理方式、营销方式等都将实现变革。

6. 万众创业

随着环境的改善，目前创业者可以以极低的成本获得云计算能力、开放平台服务、宽带网络、众筹平台、推广平台等基础设施和服务，极大地降低了创业的门槛。原来由精英主导的创新创业活动转变为越来越多的大学生、科技公司员工投入其中，科技创新和创业活动变得日益社会化、大众化、网络化、集群化。这些创业者从大公司忽视或不愿意进入的边缘领域切入，满足特定人群或特定需求，快速迭代，不断改进，逐步扩展业务，最终将具有颠覆大公司的潜力。

### （二）“互联网 +”趋势

1. 连接与融合

“互联网 +”把互联网基因注入各个行业，使各行各业在融入新的元素之后实现蜕变。连接，是“互联网 +”商业化的纽带，是互联网价值之所在，众多行业都通过互联网获得发展机会。在去中心化、去平台化的产业互联网时代，门户、电商、社交等都体现了连接。“互联网 +”融合云计算、大数据、物联网等，实现人与人、人与物、人与服务、人与场景、物与物的连接。传统经济需要互联网来连接用户，互联网需要传统经济提供长远支撑，企业通过“互联网 +”互相关联，将创造新的社会价值。

2. 开放与共享

“互联网 +”引起的产业变革正在从媒体、零售、金融、旅游、餐饮等行业向医疗、教育、地产拓展，使更多的产业发生变化。“互联网 +”为各行业提供了无限的协同可能，优化了行业内部生态，互联网的开放度决定了企业、行业的命运，也使得企业之间超越竞争。

“互联网 +”的探索意义在于，以互联网为牵引，以共享、平等、开放的价值观为导向的行业新秩序初步建立。随着消费经济开始步入过剩时代，开放与共享将成为“互联网 +”产业变革的方向。

3. 转型与变革

“互联网 +”产业的转型与变革体现在互联网与传统产业的深度融合方面，其可以整合优化行业资源，提升产品的技术水平，节省交易成本，加速传统产业生产方式变革，从而推动传统行业的优化升级，使经济增长由主要依靠投资拉动转为依靠创新力。

互联网与传统产业的深度融合将以其强大的技术创新、商业模式创新以及应用创新能力等优势，从市场、资本、资源等层面全面介入传统行业，破除行业垄断，促进产业结构升级与资源重新分配，进一步深化改革。

4. 升级与再造

“互联网 +”是重构、再造、升级的产业过程。随着“互联网 +”的不断深入，新业态必然会在不同行业中不断诞生。以互联网为主要平台和内容的信息技术正与工业、能源、新材料等领域的技术交叉融合，形成新变革。“互联网 +”改造传统产业，将产生迭代、升级的效果，推动行业生产方式与经营方式的转变，这种信息技术与传统产业的生态融合新业态将逐渐趋于常态化。

“互联网 +”更多的是互联网与传统企业的融合，实际上是互联网企业切入传统市场、传统企业主动靠拢互联网的过程，“互联网 +”促使互联网企业落地以及传统企业升级再造。

5. 跨界与协作

“互联网 +”跨界是指互联网对传统行业、产业组织内部结构的改变。“互联网 +”的出路在于互联网和传统产业的跨界融合。其本质是将互联网的创新成果深度融合于经济社会各领域之中，提高实体经济的创新力，达到经济社会的思维转变、技术转变、格局转变。互联网对其他产业带来的冲击是必然的，各行各业经历着逐步接纳、拥抱、融入互联网的过程。“互联网 +”既是传统产业与互联网跨界融合的过程，也是双方走向协作的过程，跨界与协作成为这种变化背后的重要驱动因素。

6. 涌现与扩展

“互联网 +”裂变的新产业、新模式不断涌现，创新、创业的特征发生了根本变化，推动了“互联网 +”相关创业潮。“互联网 +”创业的主体逐渐由小众转为大众，创新创业由精英走向大众。在此过程中，创新创业形成了一种价值导向、生活方式与时代气息，形成了从创新能力内部组织到开放协同创新、从供给导向到需求导向等许多新特点。“互联网 +”创新的重要方向是把制约创新的环节弱化、化解。

# 第三节　跨境电商和创新创业

## 一、国际贸易政策

### （一）国际贸易政策的定义和分类

国际贸易政策是各国对外贸易政策的总称，是各国在一定时期内对进口贸易和出口贸易所实行的政策。在当今世界经济中，国际贸易政策在各国经济增长和经济发展中起着重要的作用，并已成为国际贸易环境的重要组成部分。

从国际贸易历史发展来看，长期存在两种贸易政策之争，即自由贸易政策和保护贸易政策。两种贸易政策各有其积极影响和消极影响。

自由贸易政策是指国家对进出口贸易不加干预，任其自由竞争。

自由贸易政策的主要内容：国家取消对进出口贸易的限制和障碍，取消对本国进出口商品的各种特权和优待，使商品自由进出口，服务贸易自由经营，在国内外市场上自由竞争。

自由贸易政策实施表现：关税的降低和应税商品的减少、非关税壁垒等的减少与取消。自由贸易政策为经济实力强的国家所采用，为国内成长产业集团所推动，它们是主要受益者。对经济实力薄弱的国家，却意味着市场被外国占领，它们是主要受害者。因而自由贸易被认为是“强者”的政策。

保护贸易政策：国家广泛利用各种措施对进口和经营领域与范围进行限制，保护本国的产品和服务在本国市场上免受外国产品和服务的竞争，并对本国出口的产品和服务给予优待与补贴，以鼓励商品出口。国家对于贸易活动进行干预，限制外国商品、服务和有关要素参与本国市场竞争。

从国际贸易产生和发展的历史考察，自由贸易政策和保护贸易政策两大类型可归纳为对外贸易政策。

### （二）新时期对外贸易政策导向与对策

作为发展中国家的中国加入 WTO（世界贸易组织），最主要的目的是利用加入 WTO 的机会熟悉运用其中的规则，保护和发展本国产品的对外贸易能力和自己的民族工业，而不是单纯强调对 WTO 承诺的兑现。建立在经济学理论基础上的比较利益理论的 WTO 有利于世界贸易的发展，实现必须有一个基本前提，即参与贸易的各国面对的竞争条件应是平等、公正的。而现实中的国际体系和国际分工更为复杂，国际关系中存在矛盾和斗争。在这种体系中，国家实力和地位始终是本国、本民族的最大经济利益的可靠保证。

在全球电子商务迅速发展和国家政策大力支持的大环境下，跨境电子商务作为我国进出口贸易的新形式，突破了传统贸易的时间与空间限制，进一步促进了进出口业务的发展，并且其以互联网为交易平台，大大提升了贸易的效率。

### （三）电子商务的概念和意义

电子商务分为狭义和广义两类。狭义的电子商务通常是指通过互联网从事的在线产品和劳务的交易活动，涉及有形的产品和劳务的无形产品。广义的电子商务泛指一切与数字化处理有关的商务活动，这些商务活动不仅仅局限于企业之间、企业和消费者之间，也包括在企业内部的一切商务活动。

电子商务作为一种新型的商品交易方式，具体有以下五种类型：①企业对消费者（Business to Consumer，简称 B to C）的电子商务；②企业对企业（Business to Business，简称 B to B）的电子商务；③企业对政府机构（Business to Government，简称 B to G）的电子商务；④消费者对政府机构（Consumer to Government，简称 C to G）的电子商务；⑤消费者对消费者（Customer to Customer，简称 Cto C）的电子商务。

目前，电子商务越来越多地运用到外贸业务中来。通常我们可以将外贸业务从运作角度笼统地分为三个阶段：交易准备阶段、交易磋商阶段和合同履行阶段。这三个阶段概括了每一笔外贸业务自始至终的业务程序。现代信息技术的应用逐渐充斥到外贸业务的各个环节中。

电子商务主要是运用互联网实现人们之间的各种商务活动并加快全球一体化的进程。通过网络数据把全球连接为一个整体，建立起一个虚拟的全球范围化的市场。每一个国家和地区的人们都可以运用电子商务的平台来进行贸易交往活动。电子商务让全球贸易成为一个有机的整体，各国之间的贸易活动更加密切，各国之间除了竞争之外，经济合作也越来越多。

现在，电子商务已经成为我国一种全新的商业模式，各种行业都可以参与。在此模式中可实现一些现实的或者虚拟的商业活动，从而使企业产生新的收入，人们从中获取新的业务。电子商务还可以被看作是一种业务之间的转换。企业运用计算机技术和手段来实现经济业务活动，以此来达到增加经济效益、降低成本的作用，极大程度地提高了企业的竞争力。因此，电子商务不但提高了企业的竞争意识，还使企业与企业、企业与个人之间的合作更加密切。

### （四）跨境电商应把握大数据的时代特征

随着我国计算机的不断发展，世界经济也逐渐由工业经济转变成为信息经济，由此逐渐产生了国际信息产品贸易。与此同时，电子商务也在全球范围内蓬勃兴起，已经成为推动世界经济快速增长的主要原动力，电子商务的快速发展使得国际贸易也在逐渐走向信息化的方向，为国际贸易的可持续发展创造了有利的条件。

现今，电子商务主要运用互联网作为载体，使得各行各业能够紧密地联系在一起，实现虚拟的交易与合作，从而产生新的业务和收入。我们可以把电子商务看成一种新的业务转换，企业利用互联网的作用，来达到降低成本、提高效率的目的，使得企业的竞争力增强。

随着经济金融全球化的加速推进，在互联网、大数据、云计算等技术不断革新的背景下，国际贸易模式正在发生变革。以“互联网＋外贸”融合为主要特征的跨境电商正在兴起，同时数字贸易时代已经到来。跨境电商是“以更低交易成本撮合更大成交量”原则下外贸行业发展的产物。该商业模式的产生与快速发展正符合“能否更节约消费者时间和精力”这条用于研究和判断行业发展前景的准则。

跨境电子商务是指分属不同关境的交易主体，通过电子商务平台达成交易、进行支付结算，并通过跨境物流送达商品、完成交易的一种国际商业活动。然而在跨境电商发展业绩显著、发展势头良好，且被社会各界广泛重视的背景下，理论界与实务界关于跨境电商的概念，并没有予以精准界定，也没有形成一致意见，以至于人们在认知、理解跨境电商时常常把它与外贸、海淘、海购等概念混淆。鉴于此，结合跨境电商发展的时代背景、技术手段与发展原则，充分考量跨境电商的功能作用与主要特征，对跨境电商概念予以更贴切合理的界定，是十分必要的。

## （五）跨境电子商务的基本作用

跨境电商模式的作用主要表现在，它比传统线下跨境交易模式更能克服买卖双方因信息不对称、信任度低和交易成本高而带来的交易难度大的困境。

1. 物色贸易伙伴

在开展国际贸易之前，准确和清晰地物色贸易伙伴是提高企业经济效益的有效措施，电子商务作为现今企业发展中最为重要的因素，在物色贸易伙伴的时候，由于电子商务在开展中不会因为地域和时间的因素而有所影响。因此，在一定程度上可节约大量的人力和物力。此外，企业还可以建立属于自己的网站，利用电子商务这样一个有效的平台，把自己本企业的基本信息和产品向全球的客户展现，从中获取相应的合作伙伴，也可以在其中选择自己满意的贸易伙伴，来开展贸易合作关系。

2. 网上咨询与洽谈

每一笔国际贸易都不可能洽谈一次就成功，需要合作商之间反复地沟通和咨询，这也是构成一笔国际贸易所必须具备的条件。随着现在信息化技术的不断发展，电脑已经成为千家万户实现信息交流的有效手段。在国际贸易中，企业可以运用互联网来实现国际商务之间的咨询和洽谈。买卖双方可运用邮件对市场动态进行了解，也可运用远程视频进行面对面的交流，进一步掌握产品的信息。由此可见，电子商务给国际贸易带来了许多便捷服务。

3. 网上订购与支付

电子商务可以运用网站中的信息来了解订购商品的基本情况，了解清楚后可以实现网上订购，客户就通过网上支付完成货物的订购。当客户填写完订购单以后，系统就会用交易确认信息来保证整个订购信息，并且订购的信息具备加密，这样就可以很好地保护商家和客户之间的商业信息。除此之外，在国际贸易中，网上订购可以快速、便捷地传递客户所需的无形产品，如软件、音像等，这样就可以极大程度地节约时间和人员的开销。

## （六）跨境电子商务的发展及对国际贸易的影响

电子商务的出现带动了国际贸易的发展，在未来我们可以预见电子商务会成为国际贸易发展中的重要部分，并且随着电子商务的不断完善，它在国际贸易中的作用会越来越重要，不仅可以扩大外贸出口，还可利用外部市场发展壮大，并为中小企业参与国际交流创造良好的政策环境。

1. 推动国际市场环境的新变化

企业在良好的国际贸易市场环境中，不但可以减少企业之间的贸易摩擦，还可以使整个国际贸易的环境得到优化，有效地推动新的贸易需求的产生。电子商务把全世界都联系在了一起，都共同存在于一个数字化的网络世界里面，使得国际信息和资源都可以实现更好的交流。由此可见，电子商务给国际贸易的发展带来了良好的市场氛围。电子商务为处于劣势环境的中小企业创造有利的条件，开拓了新的市场，提高了经济效益，从而带动全球的发展。

2. 促进中小企业进入国际市场

经过多年的发展和积累，越来越多的中小企业认识到，中小企业的发展不应局限于产品的输出，更重要的是管理、品牌、技术的输出。但对于大多数的中小企业来说，他们所具备的财力、物力和人力都相对落后，电子商务的发展解决了他们进入国际市场的问题。中小企业可以在专门的电子商务平台上面注册自己的公司，也可以自己建立一个电子商务网站，开展电子商务，但是这种方法较为困难，所以大多中小企业都选用第一种方法。

3. 扩大和深化国际分工

目前，我国已经逐步形成开放型的经济格局，在全球生产体系中的作用日益重要，使得国际分工的地位也在发生着深刻的变化。电子商务在极大程度上使得企业的生产更加具备灵活性，实现跨国公司的生产布局全球化。作为跨国公司，运用网络可以发展企业的生产能力和人才优势，并有效地促进企业内部的分工。企业可以运用网络根据相应的订单组织生产，不但可以极大程度地缩短生产周期，减少不必要的库存，还可以有效地提高国际贸易产品的技术含量。现如今，许多客户可以通过互联网跨国购买产品，超越地理界线的制约。作为服务贸易的提供者，企业可以不用跨出国门就为其他国家的客户提供国际的服务，从而推动世界产业结构向高级化发展。电子商务在国际范围内不断扩大，使得国际分工不断深化，从而促进国际贸易额不断增长。

4. 加快国际贸易技术创新

随着电脑的不断普及，在运用电子商务实现等价交换的时候，对国际贸易技术创新的需求也不断增大。电子商务的发展会极大地带动国际贸易的创新。电子商务也会随国际贸易技术创新的不断加快而发展壮大。由此可见，电子商务和国际贸易是相互促进、共同发展的。电子商务已经成为网络化的新型经济活动，成为主要发达国家增强经济竞争实力、赢得全球资源配置优势的有效手段。电子商务不受地域空间的限制，信息的更新往往能够同步进行。这个优势为电子商务提供了很大的发展空间。

随着国际贸易技术的不断创新，国际贸易的方式和国际交流流程也会产生相应的变化。此外，随着电子化的不断普及，商家和客户在国际贸易中，都可以随时查看货物的运输状况，包括货物的跟踪管理和货物运输的订舱等。了解货物的运输路线和时间，便于客户在确定货物收到后及时提取。电子商务的迅速发展使得国际贸易的流通加快，电子货币在一定程度上取代了纸质的货币，许多人都在广泛地使用信用卡和银行卡来实现网络支付，从而节约了大量的时间，电子商务的发展和应用使得更多新服务和新产品涌入国际市场当中，也将进一步促进国际贸易流程变革，形成新的国际贸易流通方式。

5. 促进国际贸易营销模式改变

电子商务的发展使得国际市场的营销模式发生着巨大的变化，国际贸易营销出现了许多新的营销方式，主要包括网络互动式营销、网络整合式营销和网络定制式营销。

网络互动式营销主要是使客户能够真正地参与到国际贸易营销当中，加强客户参与的主动性。网络互动营销不只是大公司的专利，只要中小企业能控制住地域和投放媒介，并有传媒的宣传依托就能实现。

网络整合式营销则使商家和客户之间的关系变得更加密切，从而实现一对一的营销模式，其作用主要是提高商家和企业之间的交流。

网络定制式营销是指商家通过不断提升口碑和信誉度，积累一定的客户群，从而向该特定用户群定制销售商品的方式。

随着我国计算机技术和国际经济的不断发展，电子商务已经成为人们生活和工作中的重要部分。电子商务将国际贸易带进了一个信息化时代。电子商务的兴起和网络贸易的诞生，导致国际贸易运作方式发生巨大变化，信息通过全球网络在世界各国和地区间的流动，推动了国际贸易向信息化的方向发展，同时也为国际贸易的可持续发展开辟了一条新的途径。

## 二、报关与关税

### （一）报关

公元前 5 世纪中叶，古希腊城邦雅典出现了世界上最早的海关。中国海关历史悠久，早在西周和春秋战国时期，古籍中已有关于“关和关市之征”的记载。秦汉时期对外贸易发展，西汉在合浦等地设关。宋、元、明时期，先后在广州、泉州等地设立市舶司。清政府于 1684—1685 年首次以“海关”命名，先后设置粤（广州）、闽（厦门）、浙（宁波）、江（上海）四海关。直至 1949 年后，中华人民共和国政府对原海关机构和业务进行彻底变革，逐步完善海关建制。

报关是进出口贸易的环节之一，是国家对外经济贸易活动和国际贸易链条中的重要组成部分。报关业务的质量直接关系着进出口货物的通关速度、企业的经营成本和经济效益、海关的行政效率。由于报关活动与国家对外贸易政策法规的实施密切相关，因此报关业务有着较强的政策性、专业性、技术性和操作性。

1. 报关的定义

一般而言，报关是指进出口货物收发货人、进出境运输工具负责人、进出境物品的所有人或者他们的代理人向海关办理货物、物品或运输工具进出境手续及相关海关事务的过程。《中华人民共和国海关法》（以下简称《海关法》）规定：“进出境运输工具、货物、物品，必须通过设立海关的地点进境或者出境。”因此，由设立海关的地点进出境并办理规定的海关手续是运输工具、货物、物品进出境的基本规则，也是进出境运输工具负责人、进出口货物收发货人、进出境物品的所有人应履行的一项基本义务。报关是与运输工具、货物、物品的进出境密切相关的一个概念。报关是从海关行政管理相对人的角度而言的，仅指向海关办理进出境及相关手续。

2. 报关的分类

（1）按照报关的对象分类，可分为运输工具报关、货物报关和物品报关。

（2）按照报关的目的分类，主要可分为进境报关和出境报关。

（3）按照报关的行为性质分类，可分为自理报关和代理报关。

①自理报关。进出口货物的收发货人自行办理报关手续称为自理报关。根据我国海关目前的规定，进出口货物收发货人必须依法向海关注册登记后方能办理报关业务。

②代理报关。代理报关指接受进出口货物收发货人的委托代理其办理报关手续的行为。我国《海关法》把有权接受他人委托办理报关业务的企业称为报关企业。报关企业必须依法取得报关企业注册登记许可并向海关注册登记后方能从事代理报关业务。代理报关根据承担的法律责任不同又可以分为直接代理报关和间接代理报关。目前，我国报关企业大都采取直接代理形式代理报关，经营快件业务等国际货物运输代理企业适用间接代理报关。

3. 报关的内容

（1）进出境运输工具报关的基本内容

根据我国《海关法》规定，所有进出我国关境的运输工具必须经由设立海关的港口、车站、机场、国界孔道、国际邮件互换局（交换站）及其他可办理海关业务的场所申报进出境。进出境申报是运输工具报关的主要内容。

①运输工具申报

运输工具进出境报关时须向海关申明的主要内容有：运输工具进出境的时间、航次（车次）、停靠地点等；运输工具进出境时所载运的货物情况，包括过境货物、转运货物、通运货物、卸（装）货物的基本情况；运输工具服务人员名单及其自用物品、货币等情况；运输工具所载旅客情况；运输工具所载邮递物品、行李物品的情况；其他需要向海关申报清楚的情况，如由于不可抗力原因，运输工具被迫在未设关地点停泊、降落或者抛掷起卸货物、物品等情况。除此以外，运输工具报关时还需提交运输工具从事国际合法性运输必备的相关证明文件，如船舶国籍证书、吨税执照、海关监管簿、签证簿等，必要时还需出具保证书或缴纳保证金。

②运输工具舱单申报

进出境运输工具舱单是指反映进出境运输工具所载货物、物品及旅客信息的载体，包括原始舱单、预配舱单和装（乘）载舱单。

原始舱单，是指舱单传输人向海关传输的反映进境运输工具装载货物、物品或者乘载旅客信息的舱单。

预配舱单，是指反映出境运输工具预计装载货物、物品或者乘载旅客信息的舱单。

装（乘）载舱单，是指反映出境运输工具实际配载货物、物品或者载有旅客信息的舱单。

（2）进出境货物报关的基本内容

根据海关规定，进出境货物的报关业务应由依法取得报关从业资格并在海关注册的报关员办理。进出境货物的报关业务包括：按照规定填制报关单，如实申报进出口货物的商品编码、实际成交价格、原产地及相应的优惠贸易协定代码，并办理提交报关单证等与申报有关的事宜；申请办理缴纳税费和退税、补税事宜；申请办理加工贸易合同备案、变更和核销及保税监管等事宜；申请办理进出口货物减税、免税等事宜；办理进出口货物的查验、结关等事宜；办理应当由报关单位办理的其他事宜。海关对不同性质的进出境货物规定了不同的报关程序和要求。

（3）进出境物品报关的基本内容

海关对进出境物品监管的基本原则是：自用合理数量原则。海关监管进出境物品包括行李物品、邮递物品和其他物品，三者在报关要求上有所不同。

《海关法》规定，个人携带进出境的行李物品、邮寄进出境的物品，应当以自用、合理数量为限。所谓自用、合理数量，对于行李物品而言，“自用”指的是进出境旅客本人自用、馈赠亲友而非为出售或出租，“合理数量”是指海关根据进出境旅客的旅行目的和居留时间所规定的正常数量；对于邮递物品，则指的是海关对进出境邮递物品规定的征、免税限制。当今世界上大多数国家的海关法律都规定对旅客进出境采用“红绿通道”制度。我国海关也采用了“红绿通道”制度。

我国海关规定，进出境旅客在向海关申报时，可以在分别以红色和绿色作为标记的两种通道中进行选择。

带有绿色标志的通道称“无申报通道”（又称“绿色通道”），适用于携运物品在数量和价值上均不超过免税限额，且无国家限制或禁止进出境物品的旅客；带有红色标志的通道称“申报通道”（又称“红色通道”），适用于携带应向海关申报物品的旅客。对于选择“红色通道”的旅客，必须填写“中华人民共和国海关进出境旅客行李物品申报单”（以下简称“申报单”）或海关规定的其他申报单证，在进出境地向海关做出书面申报。

进出境邮递物品的申报方式由其特殊的邮递运输方式决定。我国是万国邮政联盟的成员国，根据《万国邮政公约》的规定，进出口邮包必须由寄件人填写“报税单”（小包邮件填写绿色标签），列明所寄物品的名称、价值、数量，向邮包寄达国家的海关申报。进出境邮递物品的“报税单”和绿色标签随同物品通过邮政企业或快递公司呈递给海关。

进出境其他物品包括暂时免税进出境物品和享有外交特权和豁免权的外国机构或者人员进出境物品。个人携带进出境的暂时免税进出境物品须由物品携带者在进境或出境时向海关做出书面申报，并经海关批准登记，方可免税携带进出境，而且应由本人复带出境或进境。享有外交特权和豁免权的外国机构或者人员进出境物品包括外国驻中国使馆和使馆人员，以及外国驻中国领事馆、联合国及其专门机构和其他国际组织驻中国代表机构及其人员进出境的公务用品和自用物品。外国驻中国使馆和使馆人员进出境的公用自用物品应当以海关核准的直接需用数量为限。

4. 出口报关的具体流程

在进出口贸易的实际业务中，绝大多数是卖方负责出口货物报关，买方负责进口货物报关。即绝大多数的贸易公司只是同自己国家的海关打交道。

（1）国内客户与外商签订出口合同，确定由国内出口货物到国外。（此时国内出口商应当知道出口此类商品需要何种相应的出口监管证件，如出口许可证、商检、配额证、机电证等。）

（2）国内出口商联系运输公司（或者在 FOB 条款下由国外客户联系运输公司），通常出口商会通过货代（或者直接与船公司联系）进行一站式服务（从产地一直到船边的所有运输过程）。

（3）货代根据出口商的要求（货物目的国家、货物重量、体积等），负责安排拖车、订舱、报关、装船的手续。

（4）当货物在安排拖车运输前（或者运输同时），出口商需要提供出口报关所必需的报关资料（外汇核销单、出口合同、发票、装箱单、报关委托书以及根据货物所受国家海关监管出口需要的证书，如许可证等），也有些没有进出口经营权的出口商可以通过贸易公司代理出口，由他们提供上述文件及办理后续结汇收款及退税的手续。

（5）当货物经拖车运到指定出口口岸（订舱时的船公司及船名决定了出口口岸），货柜进入码头堆场闸口时，开始受到口岸海关的正式监管，此时货柜出入码头堆场都必须经过海关同意才能继续运作。（有时货柜进入码头堆场后发现货物短装、质量有问题等，需要重新将货柜提出码头堆场，此时就必须向海关申请“监管出闸”手续，在海关查核实际情况与汇报相符的情况下监管货柜离开码头堆场。）

（6）当货柜进入码头堆场后，码头电脑会记录此货柜的进场时间、柜号、封条号、堆场位置等信息，并通过与海关电脑联网受到海关电脑的监控。此时才可以正式向海关申报出口。

5. 进口报关的具体流程

一般贸易进口，首先要确定付款方式是 T/T（电汇）还是 L/C（信用证）。如果是 L/C，那就要先开信用证，确定进口的船期。等船到以后，开始进行进口报关的操作。

（1）首先要得到国外客户的提单、发票、箱单（从韩国和日本进口的货物还需要非木质包装证明）。

（2）携提单到船公司换回该批货物的提货单，也就是舱单。上面写有进口货物的详细船务信息。

（3）通过商品编码书自查或请货代帮忙查询进口货物是否需要商检。若需要，则要提前到商检局进行商检。

（4）换单和商检后，填好进口报关单给货代进行报关，报关所需的资料是：发票、箱单、从船公司换回的提货单、报关委托书、进口货物报关单、商检证（若需要）等。

（5）一般贸易进口货要交进口关税，在海关打出缴款书后开具支票（一般进口货物需要用支票交费）。一般是到中国银行交关税，等交完关税以后，银行会在缴款书上盖章。

（6）把交款书交给货代，然后由货代给海关通关放行（这就是一般所说的一次放行）。

（7）海关收到关税以后会在提货单上加盖放行章，携此提货单到船公司所在的码头提货（这就是一般所说的二次放行）。

海关在经过审核报关单据、查验实际货物，并依法办理了征收货物税费手续或减免税手续后，在有关单据上加盖放行章，货物的所有人或其代理人才能提取或装运货物。此时，海关对进出口货物的监管才算结束。

## （二）关税

在各国，关税一般属于国家最高行政单位指定税率的高级税种，对于对外贸易发达的国家而言，关税往往是国家税收乃至国家财政的主要收入。政府对进出口商品都可征收关税，但进口关税最为重要，是主要的贸易措施。

1. 关税的定义

关税是指一国海关根据该国法律规定，以进出口关境的货物和物品为征税对象而征收的一种商品税。可从以下方面理解。

（1）关税是一种税收形式。关税与其他税收的性质是一样的，征税主体都是国家。不同的是其他税收主要是由税务机关征收，而关税是由海关征收。

（2）关税的征税对象是货物和物品。关税只对有形的货品征收，对无形的货品不征关税。

（3）关税的征税对象范围是进出口关境的货物和物品。

2. 关税的特点

（1）征收的对象是进出境的货物和物品。

（2）关税是单一环节的价外税。

（3）有较强的涉外性。

3. 关税的作用

（1）维护国家主权和经济利益。

（2）保护和促进本国工农业生产的发展。

（3）调节国民经济和对外贸易。

（4）筹集国家财政收入。

4. 关税的种类

（1）按征税对象进行分类

①进口税。进口税是海关对进口货物和物品所征收的关税，它是关税中最主要的一种。

②出口税。出口税是海关对出口货物和物品所征收的关税。

③过境税。过境货物是指由境外启运，通过境内继续运往境外的货物。

（2）按征税性质分类

①普通关税。普通关税又称一般关税，是对与本国没有签署贸易或经济互惠等友好协定的国家和地区按普遍税率征收的关税。

②优惠关税。优惠关税一般是互惠关税，即优惠协定的双方互相给对方优惠待遇的关税。

③差别关税。差别关税实际上是保护主义政策的产物，是保护一国产业所取得的特别手段。差别关税最早产生并运用于欧洲。

（3）按保护形式和程度分类

①关税壁垒。关税壁垒是指一国政府以提高关税的办法限制外国商品进口的措施。

②非关税壁垒。非关税壁垒是指除关税以外的一切限制进口的措施，有直接非关税壁垒和间接非关税壁垒之分。

### （三）征收关税的方法

征收关税主要采用从量税和从价税的征税方法，在这两种主要征税方法的基础上，又有混合税。

1. 从量税

从量税是以商品的重量、数量、容量、长度和面积等计量单位为标准计征的关税，大部分是以商品的重量来征收的，有的按商品的净重计征，有的按商品的毛重（包括商品的包装重量在内）计征，有的按法定重量计征。征收从量税，在物价上涨时，税额不能随之增加，财政收入相对减少，难以达到财政关税和保护关税的作用。从量税计算公式为：从量税额 = 商品数量 × 从量税率。

2. 从价税

从价税是以进口商品的价格为标准计征的关税，其税率表现为货物价格的百分率。目前，大多数发达国家普遍采用这种方法计征关税，我国也采用从价税。从价税额的计算公式为：从价税额 = 商品总值 × 从价税率。

从价税额与商品价格有直接关系。它与商品价格的涨落成正比，故它的保护作用与价格有着密切关系。一般来说，从价税有以下几个优点。

第一，从价税的征收比较简单，对于同种商品，可以不必因其品质的不同，再详加分类。

第二，税率明确，便于比较各国税率。

第三，税收负担较为公平。从价税税额随商品价格与品质的高低而增减，比较符合税收的公平原则。

第四，在税率不变时，税额随商品价格上涨而增加，这样既可增加财政收入，又可起保护关税的作用。

在征收从价税时，较为复杂的问题是确定进口商品的完税价格。完税价格是经海关审定作为计征关税的货物价格，是决定税额多少的重要因素，发达国家总是高估完税价格，多征进口税，尽量阻止商品进口，借以垄断国内市场。目前，发达国家多数规定以正常价格作为完税价格。所谓正常价格，是指独立的买卖双方在自由竞争的条件下成交的价格。若发票金额与正常价格一致，即以发票价格作为完税价格；若发票价格低于正常价格，则根据海关估定价格作为完税价格，也有的国家用 CIF 价（到岸价格）或 FOB 价（交货价格）。我国以 CIF 作为征收进口税的完税价格。

3. 混合税

混合税又称复合税，它是对某种进口商品，同时采用从量税和从价税征收关税的一种方法。混合税的计算公式为：混合税额 = 从量税额 + 从价税额。

混合税分为两种：一种是以从量税为主加征从价税。例如，美国曾对男式开司米羊绒衫（每磅价格在 18 美元以上者）征收最惠国税率，每磅从量税征收 37.5 美分加征从价税 15.5%。另一种是以从价税为主加征从量税。例如，日本曾对每只价格在 6000 日元以下的进口手表征收从价税 15%，加征每只 150 日元的从量税。

4. 选择税

选择税是对于一种进口商品同时定有从价税和从量税两种税率，但征税时选择其税项较高的税率的一种征税方法。例如，日本曾对布匹的进口征收协定税率为7.5%或每平方米6日元，征收最高者。但有时，为了鼓励某种商品进口，也可选择其中税额低者征收。

# 第四节　淘宝网开店实践

现在互联网越来越普及了，网上购物的人也越来越多了。淘宝网是由全球最佳B2B平台阿里巴巴公司投资4.5亿元创办的，致力于成为全球首选购物网站。现在我们虽然不能说它是全球首选的，但是说它是全国首选，应该是当之无愧的。很多人在淘宝网上开网店，赚得比现实中开店还要多，那如何在淘宝网上开店呢?

## 一、淘宝网店开设程序

### （一）在淘宝网注册账户

进入淘宝网的首页，点左上角“免费注册”。新页面打开后输入你想要的用户名，输入两遍密码（密码尽量复杂点），输入图片中的验证码，点击“同意协议并注册”。如果以上输入都没有错误，将进入注册账户第二步：验证账户信息。请确保你拥有一个手机并能正常接收手机短信。根据提示输入手机号码，点击“提交”。正常情况下几秒钟内你的手机会收到一条淘宝网发来的短信，把短信中的验证码输入网页上对应的提示框内提交即可。注册成功，开网店的第一步就完成了。请注意：如果你原来已经在淘宝网买过东西，不用重复注册。在淘宝网，一个账户可以同时是买家和卖家两个身份。

### （二）进行支付宝实名认证

接下来我们就要进行支付宝实名认证，这是必需的一步。点击“我的淘宝”后，可以看到“卖宝贝请先实名认证”的提示。点击它，然后根据提示操作即可。

支付宝相当于淘宝网用户的资金中介，是保证买卖双方诚信交易的基础。支付宝实名认证，就是确认你的真实身份。这个认证虽然在一定程度上增加了网上开店的复杂度，但在很大程度上增加了整个淘宝网交易的安全性。过去一定要上传身份证等待淘宝网人工验证，现在淘宝网已经跟全国多家银行合作，只要有一些银行的实名登记的银行卡，淘宝网可以通过银行系统认证你的身份，比以前方便多了。

除了支付宝认证之外，还要上传自己身份证的照片以及持有证件的半身照，这几项同时认证成功之后才能开店。

### （三）通过淘宝网开店考试

依次进入“我的淘宝”→“我是卖家”，找到“我要开店”按钮，点击后会出现要求参加考试的提示。在淘宝网开店必须通过淘宝网开店考试，考试的内容是《淘宝网规则》。淘宝网的规则是必须学习的，如果事先没有学习，等开了店因为违反淘宝规则而被查封就麻烦了。考试分数须达到60分才能通过，其中基础题部分必须准确率100%。考试通过后阅读诚信经营承诺书，然后根据提示填写店铺名称、店铺类目及店铺介绍，勾选同意“商品发布规则”及“消保协议”，然后确认提交。如果一切顺利，这时你就拥有了一个属于你自己的淘宝网店铺了。

### （四）必需软件——阿里旺旺

在淘宝网上做生意，和买家沟通不是通过QQ、手机或者其他方法的，而是阿里旺旺。阿里旺旺是淘宝网卖家和买家沟通的法宝，很多卖家功能集成在这里面，非常实用。以后在买卖过程中如果与买家有纠纷，阿里旺旺的聊天记录是处理纠纷最重要的证据。请注意：淘宝网官方是不承认QQ聊天记录的，所以阿里旺旺无可替代。

## 二、淘宝网开店必备知识

### （一）进货

认证通过了，还要保持出售中的货品有10个才能开店。淘宝大学里有不少关于货源的精华帖，如果不明白，可以翻一翻，经验畅谈区的精华帖子也可以读一读。

如果没有实体店或非常好的货源，建议买一些价格不太高的时尚小玩意，或者有特色的东西。找好商品的定位与受众，就可以开始参观淘宝的同类店铺了。多研究高级店，看看它们的货品、销售情况、特色，最好做到知己知彼。销售的东西最好是人无我有。

### （二）拍照

货品进回来了，应该为它们拍一些漂亮的照片。不推荐用供货商提供的照片，实拍照片能让买家感到真实，也能体现出卖家的用心。淘宝大学中有不少关于拍照与修照片的帖子，可以去学习。可以把货品拍得很精美，但前提是不失真实，处理得太多的照片容易失真，有可能会给将来的交易带来麻烦。

照片拍好后，可以在照片上打上一层淡淡的水印，水印上标明店名（这个时候还没有开店，但是应该想好店名了），等开店了以后，还应该打上店址。这是为了防止有人盗用你的图片。

### （三）货品名称

有了漂亮的图片，就该将货品上架了，货品名称也要起好。想一想如果你是买家，你想要买这款产品，会用什么关键词来搜索。除了给货品起个名称外，还要注意使用常用的关键词，这是保证货品被搜索到的重要因素。

例如，我们出售手链，而产品的名称却是“艾莉诺时尚水晶馆天然粉晶”，该名称只说明了这款手链的材质，没有最重要的“手链”两字。如果我是买家，购买手链的时候，我会以“手链”为关键词进行搜索，如果这样这款手链就失去了被浏览的机会。我想很少有买家会有很强的目的性，专门去搜索“粉晶”二字。

### （四）货品描述

对货品的描述必不可少，但不要使用太多种字体、颜色，字号也不要设置得过大或过小，用很多种字体、颜色显得没有条理性，让人找不到重点，过大或过小的字号容易让人感觉厌恶，再加上通篇花花绿绿的色彩，视觉感也不好。

总之，对货品的描述要条理分明，重点突出，没有太多色彩，但是阅读方便，令人感觉舒适。

### （五）价格设置

价格也是商品成交与否的一个重要因素，大家购物的时候，都会考虑价格因素。要为你的产品设置一个有竞争力的价格。

当然价格的高低跟货源、进货渠道有密切关系，如果你能进到比别人更便宜的货，你的产品就比别人更具有竞争力。

多参考同类卖家的店铺，看看他们的价格是怎样设置的。不推荐打价格战，有些人在淘宝做亏本生意，可能为了好的评价，这未免本末倒置了。开网店是要赚钱的，最主要的目的也是赚钱，而评价只是诚信的一种体现罢了。

### （六）运费

除了价格因素，运费也是买家关注的一个重点。尽可能降低邮费，特别是价值只有几元的商品，如果邮费设置高了，会引起买家的反感。

### （七）有效期

这里的有效期，是指货品发布的有效期。偶尔会在论坛看到有人抱怨淘宝的有效期设置太短，只有 7 天与 14 天两个选择，建议淘宝增加有效期时间。

然而，实际上货品剩余时间越短，成交的可能性会越高，因为即将到期的货品总会被排在搜索的最前面，被浏览到的可能性更大，所以建议大家选择有效期时，以 7 天为第一选择，与同类商品选择 14 天相比，就有两次机会排在前面，而 14 天只有一次机会。

## 三、店铺装修步骤

（1）打开淘宝网首页 www.taobao.com。

（2）登录卖家中心，点击左侧菜单栏中的“店铺管理”→“店铺装修”。

（3）进入装修页面后，进入“布局管理”，增加或者删减自己需要的页面后，点击保存。

（4）设置店铺页头，主要有导航、招牌（一个店铺最显眼的位置，很重要）、页面设置、背景颜色等，设置好了后，点击保存。

（5）如果想简单点就直接套用淘宝官方模板，官方提供三个免费模板。想要个性点，可以去淘宝的装修市场购买模板，有的可以免费试用。

（6）店铺首页招牌的通栏 / 店招很重要，可以从 Banner Maker 中进行设计并导出，或者上传自己喜欢的图片。

（7）店铺产品分类管理装修。

注意：如果装修过程中内容丢失，可以从备份的模板恢复。

## 四、淘宝店铺推广方法

### （一）淘宝客推广

这是我们推荐的一种推广方式，因为它是后付费业务，推广展示和点击推广全都免费，只有在交易完成之后才需支付淘客佣金，并能随时调整佣金比例，灵活控制支出成本。

### （二）直通车推广

这是提升店铺流量最直接的推广方式，只需选择自己认为比较有优势和竞争力的货品，然后挂上直通车即可。由于这是付费推广，而且不能保证有交易，所以在货品选择上，价格控制以及悬挂频道和方式都是很有讲究的。详细注意事项可以参考直通车的推广攻略。

### （三）淘宝社区推广

由于网络购物流行，随之兴起了不少淘社区，不管是买家还是卖家都喜欢泡社区，买家希望找到自己需要的商品，卖家则在此推广自己的商品，每一个人都有可能成为你的潜在客户，不过推广的时候需要注意一些社区规则。

### （四）问答平台推广

例如，百度、搜搜、天涯等大型网站都有问答系统，可以去那里搜索与你经营的店面有关系的产品，然后回答相关问题。当然你也可以组建问答团队，专门回答一些和你产品相关的问题，一旦团队组建起来了，对你的帮助很大。做问答的时候一定要注意，不要广告意图太明显，否则会被封号。

### （五）论坛推广

论坛是目前最具人气的地方，像天涯论坛被誉为华人最大的交流社区，人数之多，人气之旺可见一斑，把这里作为推广之地再合适不过了。当然，天涯这种论坛是禁止广告和“水帖”的，所以我们发帖要有技巧，论坛签名也能起到推广的效果。

### （六）QQ 群推广

QQ作为我们最常使用的聊天工具之一，自然是一个不可多得的推广工具。我们可以加入一些淘宝买家或者卖家的交流群，通过聊天的方式推销自己的产品。当然不要做得太过，否则可能被群主踢出去。

### （七）博客推广

现在的博客营销比较流行，比如我们熟知的韩寒等名人的博客都挂有网店的链接。如果你能把一个博客做起来，在博客中挂个网店的链接，这将是一个很好的推广方式。

### （八）礼品推广

这也是一个不错的推广方式，购买商品时达到一定金额就赠送小礼物。很多人都喜欢“送”的东西，虽然礼物本身并不值钱，但是会满足不少人的一种心理，他们会觉得自己赚了。

注意：第一，淘宝直通车不但能够带来流量，也会带来交易，当然也有可能钱花了，却什么也没有得到。使用有风险，用户需谨慎。

第二，社区和论坛推广需要技巧，单纯的推广链接会被删帖，甚至被拉黑，因此发帖前一定要先了解你所在社区的发帖规则，不要乱发帖，最好发些优质帖子，在使人受益的同时也推广了自己。

第三，做淘宝推广不是一件容易的事情，可能十天半个月甚至几个月都看不到推广效果，但坚持下去了，就一定会有收获。

第四，礼品推广是我们推荐的推广方式，但是此方式必须先有流量，可以辅助其他的推广方式，等有一定客流量的时候再实施礼品推广。

## 五、淘宝店铺提高销量的方法

### （一）头像

宣传淘宝店铺的最佳阵地就是论坛了，人气最旺的论坛是经验畅谈区。所以在论坛里有个属于自己的独特的头像是很重要的。要设计出新颖独特能凸显店铺优势的头像，才能吸引顾客走进你的店铺。大家一定要在头像上下功夫，千万不能随便！淘宝里有很多专门替别人设计制作头像的店铺，大家可以请教他们，如果不嫌麻烦，也可以自己动手设计。论坛里很多有用的教程可以手把手教你制作漂亮、独特的头像。

### （二）发精华帖、回帖

发精华帖不但能赚来银币，还能成倍提高店铺的浏览量，更重要的是，在和大家的交流当中，可以学到更多技巧，从而达到共同进步的目的。但发精华帖毕竟是难的，大多数的人还是习惯在论坛回帖，其实回一个好帖也能有效提高店铺浏览量。这就要求大家能用心看帖、回帖。那种“支持路过”“坐下慢慢看”“楼主写得好，顶了”等语句是不足以吸引大家的。对咨询的帖子最好能实事求是地回答；对沮丧的“楼主”要用心安慰；对写经验的帖子要能提出自己的看法，一起分享。总之，就是要用心。把字体加大，选个醒目的颜色，增加一点表情等。虽然麻烦点，但效果会比一般的快速回复好得多。

### （三）店铺装修

店铺装修也是很关键的。给顾客营造一个舒服的购物环境，他们愿意在你的店里多待一会，成功交易的机会就大点。装修最好能做到色彩统一和谐，和自己的商品搭调，突出个性。关于店铺装修，大家也可以在论坛里跟着教程做，或者请别人做。

### （四）店铺名称

店铺的名字也要注重特色，让人记住最重要！要简单明了，让人一看就知道你卖的是什么。如果是杂货铺，最好能突出自己的“拳头产品”。

### （五）友情链接

不能忽视友情链接的作用。新手卖家基本上很难和钻石卖家连接上，所以建议选择同行的、发展潜力大的、用心经营的新手店家做链接，彼此一起进步。但要注意，如果你的店铺在别人店里的链接位置在很下面，甚至比留言栏还要下面，那对你店铺的宣传效果会大打折扣，因为很少人会把页面拉到那么下面。

### （六）去他人店铺留言

我们可以选择一些浏览量大的钻石店铺去留言，但切记不能直接推荐自己的商品，可以先夸一下别人的东西，然后再切入正题，如“我的小店也有新上架的东西，欢迎来看看”，或者“我的小店最近也有很不错的活动”，语气要含蓄，太直接就会遭到反感，避免不了被删的命运。

### （七）加入商盟

淘宝有自己独特的商盟，是卖家有力的后盾，宣传力度也很大，但大家要注意不要加入那些互相刷信誉的商盟，这样是违规的，被人投诉炒作信誉就不好了。

### （八）关键词

很多买家都会用关键词来搜索自己想要的东西，所以我们要利用好关键词，把和自己货品相关的关键词先列出来，然后搜索一下，看哪几个关键词被搜到的概率高。

### （九）橱窗推荐

大家一定注意到了，越接近下架的宝贝就越放在前面。所以，我们要尽量把推荐位都留给要下架的货品。但最好不要排在第一位，因为买家都有货比三家的心理，第一位未必能吸引眼球。

### （十）货品推荐

每个掌柜都有 6 个货品推荐位。当买家在看某个货品描述时，或多或少会注意到其他推荐。我们要把性价比高、独特的产品放上去，吸引买家进一步进入店铺参观。

### （十一）红包、一元拍

这种办法基本上是赔钱赚吆喝的，但对提高店铺浏览量还是有帮助的。

### （十二）旺旺设置

设置旺旺的自动回复时，不要直接说“掌柜不在，请留言”等没宣传效果的话。可以简短地介绍一些自己新上架的货品或特色货品，吸引顾客来店里参观。还可以把旺旺的状态设置为滚动式，这样在和别人聊天的时候，无形中也在宣传自己的店铺。

### （十三）多去看看求购信息

在求购信息里你可以主动出击，找到需要你的货品的买家，这样更有针对性，事半功倍。

### （十四）登录搜索引擎

在百度、一搜、雅虎等知名的搜索网站注册你的店铺，让更多的人注意到你。

（1）淘宝内的搜索。大多数人在淘宝购物时都是通过搜索引擎来寻找商品的，而卖家的目标就是让他的东西有尽可能多的机会出现在顾客搜索的目录里，而且排名越靠前越好。分析搜索引擎搜索的规律，就不难知道该怎么做，才能提高买家搜索到自己店铺的概率。一是关键词。我们应该在货品描述中多添加买家搜索频率高的关键词，当然要在不违反相关规定的前提下。二是排序。

既然地域特征是无法改变的，那就要做好货品离下架时间和价格的文章。一定要保证自己的产品每天都有过期下架的，因为快下架的产品在买家搜索的时候会排在最前面。另外，最好确保店铺里至少有一款产品是 1 元的，因为很多买家都喜欢按价格从低到高排列商品，这样 1 元钱的东西就排到了最前面了，便于买家发现从而进入自己的店铺。

（2）各大搜索引擎里的搜索。如果说上面的技巧是为了赢得在淘宝网内的买家，那让各大搜索引擎网站收录你的网店，就是在吸引淘宝网外的买家。那应该怎么做呢？就要登录它们的网站。

### （十五）超级买家秀

如果你的产品确实很好，可以鼓励你的老顾客或你的朋友把你的产品秀出来，然后在相关产品的描述里插入链接，这样给自己做广告是不违规的，效果也很好。

### （十六）优惠信息区

到支付宝社区的优惠信息区发布自己的产品不违规，但发帖之前要注意看规则。主要是要有产品的文字介绍、图片和支付宝按钮，这些都是很容易学会的。

### （十七）评价

在给他人评价的时候其实也可以给自己做个宣传。如果简单地说“对方是个好买家”或者“希望下次有合作的机会”等，宣传效果就不明显。我们可以在后面加上几句“小店新到 ×××，有空来看看”“最近小店有很不错的优惠活动”之类，这样别的淘友在查看该买家的信誉时就会留意到。

### （十八）多发布新品

有新品上架，看的人总会多一点，店铺的东西多了被人注意的机会也大一些。

### （十九）多开分店

如果有实力，可以用朋友的身份证在淘宝多注册几个账号，将其作为自己店的分店，同时添加链接回主店，从而增加浏览量。但不能经营相同的商品，否则会被淘宝处罚。

# 第六章 高职创新创业人才培养模式实践体系构建研究

实践教育是创新创业教育必不可少的环节，是培养大学生创新创业意识、创新创业能力的具体途径。培养学生创新创业能力最重要的是将创新创业思想体系、知识能力结构体系和实践教学体系融为一体，形成使知识快速转化成能力的教学体系。

## 第一节 创新创业人才培养模式实践体系构建的必要性

### （一）国家创新能力提升的需求

21 世纪是创新的世纪，创新和创业成了这个时代的主题，创业是实现创新的过程，是创新的重要体现，而创新是创业的本质和手段。进入 21 世纪以来，人才成为各国相互竞争的核心，也成为衡量一个国家和民族创新能力的重要指标之一，大学生的创新创业能力也就成为我们国家实现创新型国家的重要因素，这就必然要求承载人才培养功能的高职，积极承担起创新创业教育及实践的育人功能，从而形成国家创新发展的“人才储备库”。因此大力开展创新创业实践教育，不仅是个人的认知与需求，更是国家战略发展的必然要求。

### （二）区域经济社会发展的需求

高职院校与区域经济社会发展联系紧密，旨在服务于地方经济社会发展。当前，地方经济的转型升级与可持续发展的根本在于依托人力资源优势实现从“资源驱动”向“创新驱动”的转变。高职院校创新创业教育实践工作一定程度上能够培养适应地方经济社会发展所需的创新驱动的人力资源，同时地方经济社会发展又为高职院校开展创新创业教育实践工作提供了平台和载体。因此，高职院校创新创业教育工作必须坚持立足地方经济社会发展的现实需求。

### （三）高职教育自身发展的需求

（1）高职教育人才培养目标需求。从高职教育人才培养目标的视角来看，高职教育应构建一种具有“高职特色”的创新创业人才培养机制来提升高职教育的核心竞争力。高职教育占据我国高等教育的半壁江山，随着高等教育的深化改革和转型，其在人才培养中发挥着举足轻重的作用。从长远角度来看，高职院校的核心竞争力之一，就是培养当代大学生的创新创业能力、企业家精神和人文素质，并形成完整的理论体系和实践机制。正因如此，2010 年我国颁布的《国家中长期教育改革和发展规划纲要（2010—2020 年）》中也明确提出：加强就业创业教育，提高人才培养质量。因此，在创新创业教育发展过程中，加大创新创业教育实践的力度，培养大学生的实践精神、探索精神、创新意识和创业能力，将成为未来高职教育提升核心竞争力和发展的有效途径之一。

（2）高职教育人才培养模式需求。从高职教育人才培养模式的视角来看，高职教育应转变观念，探寻人才培养新模式、新方向。创新创业教育是联合国教科文组织在研讨“面向 21 世纪国际教育”发展趋势时提出的一种全新的教育理念，大力发展高职创新创业教育、培养创新型人才已成为各国高等教育发展的共识。随着中国经济的改革发展，创新型产业将成为中国未来经济再次腾飞的支柱，而创新创业教育就是创新型经济的原动力。但如何确立一种有效的模式，尤其是可参照、可借鉴，特别是可复制的人才培养模式，更应是当前高职院校在积极探索创新创业教育可行性路径的同时，必须面临和解决的基本课题。

实践教育是创新创业教育不可缺少的环节。创新创业精神、创新创业能力需要学生在学校学习阶段逐渐培养，通过系统的理论教学和实践教学活动，向学生传递生产经验和社会生活经验，引导他们树立创新创业意识，掌握创新创业知识和技能，启迪思维，发展兴趣，注重创新创业精神的培养和就业观念的转变。

创新创业是一项实践性很强的工作，创新创业教育旨在培养学生的创新意识、创新思维和创业能力等综合素质，这些都必须通过实践教学的形式得以实现。所以，实践教育对于创新创业教育的意义是显而易见的。

创新创业能力的培养需要学生参加系统的理论学习和实践活动，需要在教师的引导下树立创新创业意识，启发创新创业思维。实践教育教学更能引起学生的兴趣，使学生深刻体会到创新创业必须具备的素质和能力。因此，实践教育教学是创新创业教育的核心，如果脱离了实践教育教学，创新创业教育就变得毫无意义。

### （四）大学生自我价值实现的需求

创新创业教育实践能够充分发挥自身的主观能动性。在创新创业实践过程中，大学生自身能量的发挥起着关键性的作用，而指导老师或者教育者仅仅起到启发、教育、指导和引导的作用。作为一名创新创业者，在整个创新创业行为的过程中，大学生都能够充分发挥主观能动性，对企业进行决策和管理，所有的一切都是大学生个体自主行为的选择和执行，通过创新创业实践使他们的思想得到充分的释放，使他们的才华得到充分的施展。

创新创业教育实践过程是大学生自我极限挑战的过程。人类极限挑战主要包括精神和身体两个方面，创新创业的艰辛和付出可以让大学生在创新创业过程中得到体验；创新创业的风险性和不可预测性又可以磨炼大学生的韧性、毅力和情感。总之，创新创业实践不是对大学生的单一性考验，而是综合性的极限挑战。实践是创新创业者锤炼自己的最好平台。创新创业是一项社会实践活动，学生的创新创业意识、创新创业精神、创新创业思维等创新创业综合素质，要能够付诸创新创业实践才能折射出其价值和意义，创新创业能力和素质也必须在实践中才能得到锤炼和固化。

## 第二节　创新创业人才培养模式实践体系构建的原则

### （一）本着为区域经济社会发展服务的宗旨和出发点

基于当前高职院校创新创业教育实践的现状和开展形式，本原则要符合创新创业人才培养模式实践体系构建的目标。

### （二）适应区域经济和社会发展需求的原则

学校应建立“创新创业教育区域化”的理念。创新创业教育和区域经济社会发展的关系体现在三个方面：学校创新创业教育依托区域经济社会的发展，区域经济社会发展引导创新创业人才的知识能力结构，创新创业教育促进区域经济社会的可持续发展。构建创新创业教育实践教学体系要体现地方产业结构和社会需求特征，围绕地方创新创业人才的知识能力结构设计实践教学内容，利用区域经济社会资源建立实践教学硬件场所和丰富实践教学真实素材，如选取来自地方生产和管理一线的实践教学案例，服务地方企业的真实实务运作等。

### （三）融合专业教育和适应岗位需求的原则

学校应树立科学的“创新创业教育观”。创新创业教育本质涵盖专业教育的全部内容，即在专业教育基础上增加专门的创新创业素质教育。将创新创业教育理论和实践教学融入专业理论和实践教学体系，创新创业教育实践教学培养目标符合专业教育培养目标及专业人才培养规格和要求，创新创业教育实践教学内容适应职业岗位群的应用能力和职业技能水平及标准，创新创业实践教学计划和课程与专业实践教学计划和课程体系有机融合，职业素质和创新创业素质得到同步提高。

### （四）融入理论教学和体现阶梯连续性的原则

学校创新创业教育应建立“做、学、教、考”一体化的教学模式，实现显性课程与隐形课程相结合，专业课程、活动课程与实践课程互动，避免理论教学和实践教学脱节。创新创业教育实践教学要体现出阶梯层次性，体现从感性认知到理性应用的逐步深化，实践教学将贯穿整个大学创新创业教育教学过程中的各个环节和各个阶段，并保证教学过程的各个阶段、各门课程和环节之间的衔接和连续，保持实践教学安排的相对稳定性。

### （五）注重学生个性和体现学生主体性的原则

学校应结合学生的专业背景、知识背景、性格特点和学习动机等个体差异和个性化需求开展创新创业教育，在掌握知识技能的基础上，有针对性地进行个体化的实践教学活动，促进学生的个性发展。创新创业实践教学中转变教师角色，体现学生主体地位，启发学生独立思考，引导学生团队合作，激发学生创新思维，培养学生创新精神和创业能力。

### （六）利用校内校外和软性硬性资源的原则

学校创新创业实践教学资源分为两种：一是软性资源；二是硬性资源。软性资源即学院团委、学生会、各种协会或中心等社团组织，利用软性资源开展创新创业实践活动，营造学院创新创业氛围，培养学生创新创业能力。硬性资源即学院内可供开展创新创业实践教学的场地、设施、设备以及现有经营主体等，利用硬性资源为学生提供创新创业实践平台，丰富学生的创新创业感性体验。另外，依托专业实践教学内容，充分利用社会资源，建立校企协作关系，形成内外联动的培养模式，让学生为相关企业服务，建立“双赢”的服务体系。

# 第三节　创新创业人才培养模式实践路径

## （一）变革人才培养目标，增强创新创业实践意识

以秉承注重素质和文件建设、技术技能实践、服务社会，突出应用创新和文化创意的教育思想作为引领，造就具有高度社会责任感和创新创业能力优的高素质技能型专门人才，从而谋求创新创业实践教学新突破，实现人才新跨越，大力推进创新创业实践人才培养质量，适应时代和社会发展的要求。

## （二）以“学生可持续发展”为导向，构建分阶段进阶式的创新创业教育实践体系

以三个课堂阶段为依托，构建一套进阶式的创新创业教育实践培育体系，拓宽学生创新创业视野。

（1）立足第一课堂，培育创新创业实践认识。改革创新创业实践课程设置，面向所有在校生开设“大学生创新理论课、创业基础课和大学生职业生涯规划课”等课程，与南京市人力资源和社会保障局合作，针对烹调工艺与营养专业开设“创业网络课堂（互联网创业、网创项目选择与定位、网络产品规划策略、货源平台采购与财务管理、网络推广与全网营销、网创项目风险分析、网店管理等）”课程。同时依托专业通识课程，如市场营销、成本控制、餐饮管理、连锁经营等课程，通过两类基础课程的开设与知识融合，培育学生对创新创业实践的认识。

以基础课程为基点，建立与烹调工艺与营养专业核心课程和项目单门课程的联系，深入开展校内烹调实训课程、校内综合实训课程，拓展学生对创新创业实践的基本认识，提升学生创新就业的软实力，并最终培育学生良好的自我创新创业实践意识。

①校内烹饪实训课程：教师以提升学生专业技能实践能力为目标，编制课程实训大纲、实训教材和指导书，学生依托专业核心课程和项目课程的校内实训课程教学、课程教学资源学习平台（精品课程学习网站）和自主学习平台进行学习，提升专业实践技能，拓展创新创业实践基础。

②校内综合实训课程：本专业在传授专业知识的过程中，有意识地加强创新创业教育，使学生在上课时潜移默化地增强创新创业意识。以项目课程为主

线，在原材料采购、菜肴烹调制作、菜品包装设计、营销推广策划、销售核算等一系列过程中，学生团队完成整个过程的各个环节。其间教师给予指导，通过此实训课程，让学生在课程中，对专业理论与实践的紧密联系、前场与后场的紧密结合、烹调技能与餐饮经营的深度融合有个全面的认知，实现学生综合实践能力的提升，拓展学生的创新创业素质的培育。

（2）立足第二课堂，实施创新创业实践体验。以第二课堂为依托，锻炼与提升学生创新创业实践的基本职业品质。通过强化综合性实践和拓展性实践，柔性化教学管理，以导师制主导实践和学生自选项目选题并组织实施实践这两种方式进行创新创业项目（科研）实践体验，让学生在项目（科研）中获得设计、组织、协调等实践技术能力，成为真正参与创新创业项目实践活动各个环节的主体，如大学生实践创新训练计划、美食文化节活动、综合毕业设计及成果展示会、各类纵向横向科研课题研究等。

大学生实践创新训练计划：为了促进学校人才培养模式和教学方法的创新，鼓励和支持大学生积极参与科学研究、技术开发和社会实践等创新创业活动，不断提高大学生的创新创业精神和实践能力，南京旅游职业学院自2009年起，便积极申报江苏省大学生实践创新训练计划。立项项目从2009年的7项到2015年的15项，逐年递增。

美食文化节活动：为了彰显烹饪专业特色的优势，强化专业建设，近几年来，烹饪专业设计并实施了每年一届的“校园美食文化节”活动。让学生走出教室、走出厨房，到学校的广场上开展美食宣传与销售活动。其活动内容包括营养知识的推广、面塑与雕刻作品的现场制作与展示、中西菜肴与面点的现场售卖等，重点是让全校师生品尝学生们亲手制作的菜品，感受美食文化。在活动的整体策划下，由烹饪学院设计大赛背景墙和条幅标语，二年级每个班级搭建敞篷，设计一个主题，打出自己的标语，布置自己的展台。各个班级以小组为单位，每小组制作与销售3~5个菜点品种。专业老师把控菜单的数额和价格，各展台设计根据班级的专业特点来布置，中餐、西餐、中西点心都可彰显自己的特色。美食活动共制作中西菜点80种，在活动展销期间，校园美食广场上场面宏大，人头攒动，购买如潮，全校师生在品尝美味佳肴的同时，也感受到每个班级的现场服务。这种校园美食节活动，不仅使各班级学生从原料采购、菜单设计、展台布置、菜品销售等方面进行了一场真枪实弹的烹饪技艺训练和比武，也为各班级综合技艺的展示提供了平台。它考量了各班级学生的基本功、创造力和整体水平。最终考核各班各组的原料制作与销售情况，并将每组同学的表现计入学期成绩。

毕业设计及成果展示会：为了提升学生的综合能力，学校通过改革传统的毕业论文形式，跨专业跨班级，打通专业界限，实施团队合作，进行综合毕业设计，包括方案制定、作品（菜肴）设计、成果展示等环节，充分发挥学生的综合实践能力，提升学生的创新意识和能力。

学校组织各类创新创业比赛，夯实创新创业苗圃平台。学生是创新创业教育的主体，学校引导学生多以参加比赛的形式，增强探索性与研究性学习的能力。学校为学生组织各类创新创业竞赛，如各类创新创业知识竞赛、职业技能大赛等，来锻炼学生的创业创新能力。学校努力创造条件，组织校级比赛获奖的学生参加省级及国家级的相关竞赛，如全国高职高专创新创业大赛、全国职业院校技能大赛、省级大学生职业生涯规划与创业大赛等赛事。依托这些创新创业竞赛，打造创业苗圃平台，强化学生创业激情。

创新创业知识竞赛：学校每年在校内开展创新创业知识竞赛，检测和提升学生的创新创业知识储备能力，同时统一组织学生参加全省的就业创业知识竞赛，学生参赛率高、成绩优异，将竞赛成绩作为学生考核的重要依据。

“成才杯”职业技能大赛：学校积极为学生创造各种职业技能锻炼和展示的平台，以赛促学、以赛促练，提升学生的职业能力。每年在全院范围开展“成才杯”职业技能大赛，实施“人人参与”“人人成才”，在形成相对较稳定的比赛项目的基础上，不断创新竞赛项目，开拓综合性竞赛项目。

省级、国家级职业技能大赛：学生在“成才杯”职业技能大赛的基础上，经过层层选拔，参加学校的比赛，优秀选手被推荐参加省级、国家级技能竞赛，效果显著，影响面极大。连续 3 年获得全国职业技能大赛 7 个一等奖。

职业生涯规划大赛：以“职业生涯规划与就业创业指导”课程教学为契机，扬弃“以知识体系为导向”的传统课程理念，构建“以生涯能力培养为目标”的课程新理念。通过职业能力测试、规划书撰写、模拟面试、小组讨论等形式多样的教学环节，帮助大一刚入校的新生尽快找准自己的职业角色定位，正确认识客观环境，引导其做好个人职业生涯规划，确立合适的职业理想，制定职业发展的各阶段目标，从而建立与人才培养体系相得益彰的课程教学体系，增强教育教学的实效性。以此为基础，积极组织学生参加全省大学生职业生涯规划大赛。通过大赛的磨砺，鼓励学生积极开展职业生涯规划，找准职业发展目标。

同时定期邀请或访谈社会知名酒店餐饮类企业、专家学者和事业成功的校友，参与创新创业论坛报告会和交流会，通过他们自身丰富、生动的实例，解答学生的疑问，激发学生创新创业的激情，拓宽学生创新创业的视野和思维空间。

开展各类与创新创业相关的活动，如名厨访谈、南旅大讲堂、创业论坛讲座和创业典型案例宣传等活动，激发大学生创新灵感和创业热情，培养大学生创新创业素质，训练其创新思维能力，营造校园创业环境和氛围，引领大学生开展创新创业的热潮。

名厨访谈：该访谈由烹饪与营养学院组织在校生对行业内富有影响力的餐饮企业创始人、五星级酒店行政总厨进行访谈，让采访者真切感受到创业的环境与发展历程，并将访谈内容与校内同学分享。

南旅大讲堂：学校开展南旅大讲堂，在新生进校之初，将就业创业教育作为入学教育的重要组成部分，邀请创新创业成功人士、杰出校友来校演讲，让新生一进校就对大学生创新创业有初步的了解。大一第一学期，通过举办创新创业基础知识讲座，对新生进行普及性创新创业教育，激发同学的创新创业意识。同时通过各学期定期举办讲座、沙龙等形式，增进创新创业者与在校生的交流互动，培养学生的创新创业意识，了解创业前应进行的知识与经验准备。

由团委、学生会牵头，建立创新创业学生社团，发挥社团教育功能。通过创新创业社团的各种活动，将专业知识与社会实践结合起来，充分发挥社团的渗透作用，使之成为创新创业实践教学的第二课堂，如创越协会、江南小天厨、创意工作坊、创新创业沙龙俱乐部、创新创业校友协会社团、创新烹饪工艺美术品制作社团等。开展形式多样的社团活动，可引发学生创新创业火花、激发学生创新创业灵感、培养学生创新创业意识。创新创业学生社团还可向校外商业单位以拉“赞助”的形式推广学校的各类活动，如运动会、校园歌唱比赛、演讲比赛、辩论赛、工装大赛等活动，培养学生的合作与管理能力，增强创业基础能力。

创业协会——大学生创新创业平台：该平台是由烹饪学院在校生组建的社团，主要为高星级饭店、餐饮企业提供勤工俭学的学生，以获取企业的资金支持，帮助社团发展壮大。同时，也让勤工俭学的学生尽早接触企业，增强自身专业技能，培养创新意识，了解企业创业的过程。

江南小天厨——创新创业兴趣小组：为了激发学生的学习兴趣，拓展学生的实践能力，利用学生课外时间，积极开展雕刻、面塑、花色冷拼、拉面、巧克力造型、包饼塑形等一系列烹饪兴趣小组的第二课堂教学活动。学生根据自己的兴趣爱好自行报名、自行组织烹饪兴趣班，学院根据学生的情况协助设计教学方案、选聘指导教师（或是学院专业教师，或是酒店行业技能专才，或是技能优秀的学生人才等）。烹饪兴趣班活动每周一次，教学目的明确，教学效果考核成绩均纳入学生操行学分。通过几年的实践，教学成果显著，同时丰富了烹饪专业的实践内涵，强化了学生的动手实操能力，拓展了专业技能，提升了学院烹饪类专业学生的就业竞争力。同时社团为高星级饭店、餐饮企业提供订单式服务与产品，如面塑、菜肴加工、菜品开发等，企业给学生提供了技能实践的平台，培养了学生的创新创业意识。

（3）立足第三课堂，实施创新创业实践。创新创业实践教育的基本点在于对社会实践的认同。在创新创业实践人才的培养过程中，应以在高职间开展创新创业计划竞赛、校企创新创业实践基地、创新创业孵化基地等多种方式打造实践平台，从而引导与催化学生获得实际创业技能，强化实践动手操作和解决实际问题的能力，让学生与教师共同打造服务平台，创办企业，如中国好厨师网、微商推广服务平台。

中国好厨师网：这是由烹饪学院高志斌老师带领学生打造的专业网站，其目的是推介国内知名烹饪大师，推广名菜小吃制作工艺，为餐饮企业、求职者提供各类资讯，为餐饮企业创业提供咨询诊断。目前，该网站已成为业内有一定影响力的专业咨询网站。学生通过网站的运营，实现了各类行业实践知识的储备基础。

微商推广服务平台：这是由师生共同打造的平台，通过收取加盟微店的适当费用，为饭店进行包装、管理与推广，给饭店经营者提供建议与咨询，从而形成南京地区小微餐饮企业联盟。

学生合理利用课余时间，加盟品牌企业业务推广，并通过企业开展的一系列成熟的商业品牌策划、营销等活动，达到锻炼自身创新创业实践能力的目的，如饭店“柚丁”。

饭店“柚丁”：学生团队通过加盟餐饮企业，建立并运营自己的饭店“柚丁”，专为南京中心城区的白领职员提供下午茶及简餐服务，属于小微企业创业的典型。

依托学校御冠教学酒店和实践基地，打造学校创新创业孵化基地，利用此类基地，提供学生创新创业空间，实施创新创业实战，如“研磨时光”咖啡生活馆。

“研磨时光”咖啡生活馆：依托酒店实训室，学生社团打造“研磨时光”咖啡生活馆，通过选材、加工、研磨、调酒、营销等环节，充分锻炼学生的策划设计、经营管理、营销推广能力，提升学生的创新创业实战能力。

学校与企业深度合作，深入开展现代学徒制探索，校企共建创新创业实践基地，共同提升学生的创新创业能力，如蓝蛙订单班。同时利用校外基地优势，建立校外顶岗实践研修基地，进一步拓展学生的实践能力和创新创业实战能力，特别是充分利用杰出的校友与合作企业资源，通过请进来与走出去，在校内搭建创业培训平台，在校外建立创新创业教育实训基地，定期组织学生到企业考察、交流，了解企业创始过程，体验真实的创业场景。如境内的南京奶酪时光餐饮公司实践基地、无锡亚马逊餐饮公司实践基地、南京美丽心情食品公司实践基地等，以及境外的美国、迪拜、日本、中国港澳台等多个国家（地区）的实践基地。

蓝蛙精英班：此班级是烹饪学院与蓝蛙餐饮公司不断深化校企合作的结果，从最初的实习、就业合作，到组建蓝蛙订单班，再到现代学徒制培养模式的探索。实现了校企共同授课、共同开发教材，尝试了校内课程标准与企业岗位标准的对接，学生在校期间即可赴企业兼职，实习、就业均实现定向输送，使学生对餐饮企业经营管理的认知不断深化，为今后自主创业打下坚实的基础。

## 第四节　创新创业人才培养模式实践基地和平台建设构建

### （一）完善校内实训基地建设

完善实训基地功能，提升实训基地档次和硬件建设。继续打造实现实训中心职业技能运用、职业能力训练和职业素质培养的主要职能，继续开设面向行业的实训课程，同时承担各种以模拟实际职业环境的训练方式进行的培训，缩短学生就业前与企业岗位技能要求的差距，提升学生的创新创业实践能力，满足多层次人才实训的需求。

### （二）打造校内创新创业教育实践平台和载体

创新创业教育实践的困难在于为学生营造客观、真实的创新创业实践环境，提供给大学生能够真正地从事创新创业的有效平台和载体。为满足大学生创新创业实践的客观需求，需要统筹规划校园空间布局，优化设计三大功能区域。一是规划整修校园内沿街部分商铺、部分活动中心、部分食堂区域，将其作为大学生开展实体店铺创业与实践辅导的功能区；二是将学校体育馆和图书馆部分空间改造设计成大学生创新创业实践活动中心，将其作为大学生开展创新创业培训和创业沙龙的功能区；三是利用学校实训楼和御冠教学酒店，通过对实训楼现有使用空间的调整和御冠酒店创新创业服务中心的空间利用，作为大学生从事管理服务咨询与开展创新创业的功能区。三大功能区域不仅注重基础条件建设和环境布置，更强化服务功能作用和教育引导，重在为学生搭建真实的创新创业实践平台。

### （三）构建创新创业孵化扶持体系

创新创业教育实践贵在完善学生创新和创业的创新创业扶持体系，提供给学生创新和创业的制度保障。依托学校教学酒店，成立创新创业指导中心，并专门设立大学生创新创业扶持基金，通过对创新创业项目进行遴选、孵化、扶持、跟进、指导，使创新创业项目从萌芽、发展，直至壮大。有了一定的市场竞争力，创新创业项目才能健康、持续发展。

创新创业内容涵盖技术研发、文化创意及商务服务等领域：通过项目负责人申报、组织专家对申报项目进行遴选的方式决定最终入选的扶持项目，项目负责人都由学生担任，学生组织团队写策划书、申报书等，负责人需依次对项目创意、团队组织、市场评估、营销策划及运行现状等内容进行介绍和展示，专家评审认真听取项目汇报，并对照评分标准给予项目评级，遴选优秀项目入选扶持项目，项目入选以后，需为学生提供创新创业环境，充分发挥学生的创新创业才能。

学校不仅为在校大学生创新创业团队提供创新创业所需的创新创业场所方面的“硬条件”，而且为在校大学生创新创业团队提供资金、项目、指导和管理方面的“软服务”。

### （四）搭建学生校外“众创空间”平台

利用校企合作的资源优势，搭建创新创业教育“众创空间”平台，为学生提供可持续的创新创业发展空间。通过校企合作优势的互补，依托深度合作平台的作用，与企业建立“紧密型”合作关系，广泛建立校外创新创业实践基地。通过校企合作基础为学生拓展专业实践空间和创新创业实践视野，使学生奠定坚实的专业知识、职业素养和创新创业能力。与合作企业建立校企合作创新教学工场。校企合作创新教学工场是学生与企业互通“耦合”的创新载体，其组成结构单元是：以学生为主体、教师为指导的“虚拟项目”和社会真实项目。在校企合作创新教学工场中，学生“虚拟公司”的创业实践可以和学业学分挂钩，参加创业实训项目的学生可以获得相应的免修课程资格，真正实现“教学”与“创新创业”的有机耦合。

# 第七章　多元协同视角下的高职创新创业教育

## 第一节　高职创新创业人才多元协同培养

高职创新创业人才“多元协同”培养中主要包括学校与学校外部的协同培养，也有学校内部的协同培养，是外部与内部协同培养的协调一致。本节将通过对高职创新创业人才多元协同培养机制的基础理论、意义以及其中所存在的问题进行深入的研究分析，并针对问题给出有效的解决措施。

高职要想培养出优秀的创新创业人才，就必须结合时代发展的规律进行教育理念的创新，不断促进教育改革，优化培养模式。协同培养以人才为主要核心，通过与其他高职、企业、政府等外部机构相互配合，实现多因素和多环节的协同配合，以此达到校内外的共同合作、协同培养，对教学资源进行有效的整合，发展成具有开放性的教育体系。

### 一、“多元协同”的基础理论

创新创业人才的培养需要突破原有的教育理念，使教育的平台更加广阔，更加丰富，更具有创新性。学校仅凭单一的教育模式，很难适应当前世界环境的发展变化，我国创新型国家的建设、创新型经济的发展有着更高的要求，需要加强与各界的合作，突破地域的限制，在协作上实现更高层次的融合建设，协同机制能够使创新型人才突破限制，呈现出新的形势，对协同机制的理论与驱动原理有更高的理解与掌握，对于创造创新创业人才的协同培养机制有着重要的影响。

## 二、“多元协同”的概念与意义

### （一）概念

多元协同教育理念的核心在于人才创新的培养，人才培养的质量是高效教育的关键因素。竞争力的形成与发展，关系到如何培养创新型的人才，我国的人力资源需要的不仅仅是理论研究的方向指导，重点是怎么样落实可行的教育理念。创新型人才的培养需要通过与协同机制相结合，为创新人才的培养提供有效的支撑与帮助。

### （二）意义

创新创业教育是高职在社会竞争中立足的关键，同时也是我国创新型国家建设、创新型经济发展的核心。从理论层面来说，协同培养能够丰富创新创业人才的协同机制研究。主要在于对传统的教育理念进行转变，使被动创业演变为主动创业，因此培养出具有创新创业知识技能的人才。从实践的层面来说，对创新创业人才进行多元的协同培养，代表着高职的教育理念不再是传统的单一的教育模式，而是通过建设开放型的教育理念进行创业教育，突破学校与外部企业、政府等机构间的界限，实现资源共享、共同合作的教育方式，从而促进学校与外部机构的协同培养。

## 三、高职创新创业人才多元协同培养机制的特点

### （一）培养目标的一致性

创新人才协同培养的各个因素都具有关键性的作用。由于协同培养具有共同的教育目标，从而构建了一个交易体系，通过体系间的每个因素的相互配合、相互协作使每个因素都能够发挥出自身的作用，从而达到多元协作的目标。协同培养需要每个因素之间相互联系，共同促进发展，在创新创业人才的培养上，始终坚持一致的教育目标，汇聚培养合力。

### （二）教育系统的开放性

创新创业人才的培养是一个多种因素共同发挥作用的过程，比如像高职中各种资源、企业机构的各种平台、政府的政策等，这些因素本来是独立地、封

闭地发挥自身的作用。协同培养是需要各个领域之间摆脱封闭、独立的局面，以合作共赢为主要出发点，致力于消除隔阂，突破各个要素间的隔断，实现资源的高效共享，形成优势互补、共同发展的协同机制体系，从而达到获得经济效益最大化的目标，使各个因素都能够发挥出自身的价值。

### （三）教育效果的叠加性

创新创业人才的培养需要多元领域的共同参与和协作。通过协同的机制作用，政府的政策导向、高校的教育模式、企业的技术等各因素的优势得到发挥，使各个因素在原有的结构、功能以及方式上产生新的质变，增强每个资源的使用效率与效益，激发每个要素间的价值，在相互作用的同时产生效应，从而实现协同培养的目标。

## 四、高职创新创业人才多元协同培养机制中存在的问题

### （一）教育体系还不够完善

当前，我国高职的创新创业人才培模式通过开展创业课程等活动进行，还处于经验发展不足的探索阶段，没有建立完善的协同教育体系。在创业创新人才培养的基础上，只能依靠高职进行教育，缺少企业机构、非营利组织的参与，使创新创业人才的发展趋势呈现出单一化的现象。然而，在高职培养创新创业人才的过程中，采用协同体系，加强各个主体间的相互协作与沟通，能够使资源达到有效共享，使协同教育的作用能够最大地发挥。

### （二）创新创业教育没有健全

当前，我国的创新创业教育还处于探索的阶段，在高职中没有专门的学科教育，也没有可以授予学位的项目。纵观全局，创新创业教育体系正在尝试与正规的教育体系相结合，其主要表现在：其一，创新创业教育的目标还不明确，我国高职的创新创业教育对象一般在于学生，并没有进行针对性的教育。并且，对于学生而言没有明显的突出性，使得创新创业教育在目标上不够清晰，没有层次的区分，不具有较强的针对性。其二，创新创业教育课程体系的建设还未完善，一般都以选修课程的形式展现出来，虽然在一定程度上提高了创新创业的重要性，但是教育体系还不够完善。其三，创新创业的教师队伍有待扩建。创新创业的教师队伍建设相对于创业教育来说，起步较晚。除了重视对专职教

师的培养，企业机构的领导者和优质的技术人员也是不能够忽视的教育人员。其四，高校与企业、政府以及其他机构的合作要更加重视，协同发展是当前教育中必不可少的因素。

### （三）校内外资源没有整合

在知识经济不断发展的背景下，高职处于开放创新的情况当中，与社会各个领域的机构组织联系密切，高职的社会服务职能也受到重视。当前，协同创新已经被广泛使用，逐步替代了独立创新模式，成了创新理论的新的趋势，资源整合方面也得到了有效的共享。高职在教学、科研、人才培养等方面有着明显的优势。企业在资金、技术等方面也得到了明显的提高。高职需要加强与其他主体间的协同合作，深入地激发自身潜能，这也是需要高职通过协同机制来进行的，有效地整合校内外资源的创新，能够加强对创新创业人才的培养。

## 五、高职创新创业人才多元协同培养机制的创新

### （一）建立完善的教育体系

高职应当注重对创新创业人才的培养，加强理论指导教育。主要包括：其一，加强对师资队伍的建设，加大对教师的培训力度，指派专业的教师到企业机构培养实践能力，从而提高教师的创新创业能力。其二，建立完善的课程教育体系。课堂是培养人才的重要途径。高职要对学生开展创新创业知识活动，增强学生的创新创业意识。对有创业想法的学生开展具有针对性的教育。同时，高职还要与创新机构进行有效的合作，强化课程的教学内容。其三，改进创新教育的教学方式，要依照培养的要求制订教学计划，丰富全体师生的创新创业知识，在专业课程体系中加入技术创业的内容。

### （二）健全创新创业教育

创新创业人才培养是一个复杂的过程，需要多方面主体的参与，具有较强的开放性。高职应当顺应时代的发展，制定有效的培养方案，对教育体系进行及时的调整。要深入行业、企业、政府当中，进行深度的访谈与调查，了解机构组织的需求，将需求引入创新创业教育当中。另外，还可以使学生到企业中实习，更加近距离地了解企业发展的需要。

### （三）对校内外资源进行有效的整合

高职应当建立具有开放性的大学教育制度。加强与外部企业机构的联系，重点关注校内外的交流沟通，主动与外部机构进行协同教育，积极开拓教学空间，为创新创业教育体系创造优良的环境。另外，设立创新创业学院，建立科学合理的教育管理体系，突破学院、学科、专业间的教学模式，使协同机制的创新创业体系得到落实。

创新是人类社会进步的核心动力和源泉，是一个国家、民族得以进步和延续的灵魂所在。创新与创业有着紧密的联系，正是由于创业家将各种要素组织起来进行再生产，并创新性地改变组合方式，才推动了经济增长。对于高职创新创业人才培养协同机制的研究，在理论方面有待进一步深化，研究方法有待进一步创新，研究内容有待进一步丰富，研究水平有待进一步提高。

## 第二节　高职创新创业人才多元协同培养机制

高职创新创业人才多元培养机制主要在于内外结合协同培养人才。从外部角度分析，必须凌驾于不同的社会主体之上，突破它们的壁垒，促进整个网络系统的协调与配合，达到人才培养的目的。在学校内部，不同的要素与部门共同合作，让资源配置与行动共同得到优化。本节将对此问题进行探析，分析实施中出现的问题，并提出相关解决措施。

社会经济在快速发展中取得更大的进步，与创新创业人才是紧密相连的。近年来，高职在创新创业人才培养方面做了一系列的改革，并且取得了一定成效，但是仍然难以跟上当下发展的步伐。创新创业人才的培养带有一定的难度，要想高质量地完成这项复杂的社会工作，必须多方面地发展与合作。结合发展现状来看，很明显存在着脱节现象，因此如何解决高职创新创业人才培养的问题是高职迫切要解决的问题。

### 一、多元协同培养机制的基本内涵与现实意义

多元协调培养机制是创新创业人才培养中各相关因素相互影响，相互作用与制约的结果。它包含了学校内部与外部，是统一的整体，不同社会主体之间

的协同培养，学校内部为创新创业人才培养提供全方位的支持，从硬件与软件共同出发，相互补充，共同协作，达到资源的优化配置，最终获得进步。

多方协同与培养是创新创业人才实现的关键所在。创新创业人才有着独特的视角与思维，能够发现新问题、解决新问题，发现新事物，接受新事物，带有开创性。同时对于他们的培养需要更自由广阔的空间，高职作为单一的主体是没有办法完成这一使命的，必须融入更多的因素需求，才能有非常好的成效。需要多元主体的参与，类似于政府的大力支持、各单位的共同参与等，做到内外结合，这样才能从根本上解决创新创业人才的培养问题，有利于资源效能的放大与优化，从而带动整个社会的进步，满足社会发展对创业创新人才的需求。

## 二、多元协同培养体制的构建

无论是哪一种协同培养，都必须明确到每一个细节与要素，相互作用与配合，相互协调与促进，在支持中完善系统的结构，保证整个创新创业人才培养的有序进行，最终达到人才培养的目的。

### （一）外部协同培养机制体系

不断地完善多主体的参与，这是与政府、企业、学校、各行各业相关的体系，它跨界，必须达到战略统一。高职必须设置专业机构，解决社会发展的需要，要有前瞻性，掌握当下社会的发展趋势，这样才能做到与产业的需求相对应。同时对于人才的培养，高职是关键成员之一，必须参与整个方案的制订，结合相关专业让学生了解专业发展与前景，从实际出发，收集相关单位对人才的反馈信息。以创新创业人才为目的，重新构建课程体系，在课程的设计上必须更加具有特色，与企业、课外教师相结合，共同合作与发展。以创新创业人才为导向，对评价模式进行调整，构建多元主体参与的质量评价系统。

资源缺乏在整个创新创业人才培养中是非常关键的问题。多元主体的共同协作，从政府出发必须制定相关政策给予支持，充分利用财政资源，鼓励学校与企业进行合作共同培养人才。利用学校的教育资源与人才优势，搭建政校企培养人才的平台。带动合作企业的转型与进步，完善技术的创新，改善服务，为学校提供更加专业的人才信息反馈。不同的主体拥有着不同的利益追求，这样才能维持长期的合作。在整个合作中，必须注重三者利益的平衡，政府政策与财政的支持，企业实践基地，高职的教学优势，聘请专业的技术型人才教师，提升整个教师队伍的能力与素质，参与创新创业教育以及相关企业的实践活动，明确相关产业的发展趋势，共同协作，这就是多元协同培养机制的重要体现。

### （二）内部协同培养机制体系

国内一些院校的教学在教学模式上相对传统，不能满足当下社会对人才的需求。办学资源相对分散，学科与专业之间清晰分隔，教学方式封闭，长期如此不利于向创新创业模式进行转化，最终导致整个人才培养系统没有一个统筹的规划，人才培养的质量与效益都受到了一定的影响。因此高职必须提高警惕，注重内部协同培养机制体系的建立，将资源集中并进行优化配置，培养出优秀的人才，满足当下社会发展的需求。

首先，从课堂出发，必须注重人才培养的协同发展，每节课之间要形成衔接，从传统的相对割裂模式走向融合。确立创新创业人才培养的理念，明确人才培养的目标。可以进行跨学科专业的设置，进行不同方式的人才培养，可以从类别与专业进行分化，从学生的兴趣出发加强引导，让学生自主选择自己喜欢的专业，这样学习起来更有激情。对于课程的设置要更加多元化，这样可以为学生提供更多的知识选择。鼓励双学位多专业技术人才的发展，可以成立相关实验班进行培养，将学科充分综合起来，从整体上带动学生的发展。

其次，教育与科研必须做到融合。在大学中，科研带有教育性，培养创新创业人才必须充分利用科研的教育性。通过相关科研活动，提高教育水平与创新创业人才的培养能力。教师与学生都会从中受益，掌握专业的知识，推动彼此的共同进步。教师获得了更前沿的专业知识，学生也开阔了思维，提高了科研素质，所以将科研与教学相结合有利于创新创业人才的培养。积极地鼓励学生参加科研活动，举行科研竞赛让学生从中获得乐趣，这样才能推动整个创新创业项目的发展。学校必须充分发挥自身的主观能动性，注重学科与专业一体化的发展。学校的各个部门都要发挥自身的作用，全身心投入到创新创业的项目中去，了解整个项目的发展，了解社会的发展需求，从而在人才培养上实现更大的进步。

高职创新创业人才机制是社会快速发展的产物。传统的教学模式已经无法满足当下社会发展的需求，所以高职创新创业与多元协同人才培养机制的融合，赋予了整个教学改革新的内涵，带来了发展机遇。要想推动多元协同人才机制的发展，必须内部与外部相结合，从多元主体出发，平衡利益，政策与财政支持，教学软件与硬件相结合，才能从根本上推动整个高职创新创业人才项目的进步。

# 第三节 地方行业高职创新创业人才“多元协同”培养机制

伴随着国务院《关于深化高等学校创新创业教育改革的实施意见》的出台，高职在创新创业人才培养方面进行了一系列尝试，取得了一些成效，但仍然无法满足社会对创新创业人才的需求。创新创业人才培养是一项系统工程，需政府、高职、行业、企业等多方协同培养。在此背景下，高职应该做些什么？如何去做？这是高职面对时代要求必须回答的问题。

在长期服务行业发展过程中，地方行业特色高职在行业内积淀了良好的人脉和较高声誉，其贡献和价值不仅赢得了行业内企事业单位的赞许，同时，也得到了社会的广泛认同，相比其他高职，在行业科技创新和人才培养方面，比较优势明显。因此，地方行业特色高职在产学研协同育人方面，应基于行业科技创新前沿，持续为行业发展提供人才培养支撑。但实践中，由于我国高职创新创业教育起步较晚，在培养机制上，政府、高职、行业与企业等组织尚未形成合力，存在严重的脱节现象。因此，如何有效整合各种资源，构建创新创业人才“多元协同”培养机制，就成为当前地方行业特色高职创新创业人才培养亟待回答的问题。

## 一、创新创业人才培养过程中存在的问题

近年来，尽管政府相继出台了《关于大力推进大众创业万众创新若干政策措施的意见》《关于深化高等学校创新创业教育改革的实施意见》等一系列政策，鼓励校企合作、产学融合提升大学生创新创业能力，但由于受多种因素的影响，实际执行过程中仍然存在着校企“两张皮”问题，在培养机制上，政府、高职、行业与企业尚未形成合力，存在较为严重的脱节现象。

### （一）重视创新创业课程设置，忽视课程质量提升

虽然绝大多数高职开设了创新创业相关课程，但在培养过程中依然片面强调记忆功能，流于知识的传授。存在重视教师“一言堂”传授，忽视师生互动创新；重视知识的传授和积累，忽视知识的创造与实践的现象。学生自主探索的能动性和创造力难以充分发挥，教学效果和质量难以保证。

### （二）重视“政校行企”合作协议签订，忽视“多元协同”深度融合

目前，很多高职虽然与政府、行业、企业之间存在合作关系，但实际执行效果并不理想。具体表现在以下方面：有些只注重合作协议的签订，停留于表面的一纸协议，忽视协议的履行；有些虽有合作，但仅停留于学生参观、毕业实习等层面，合作的深度和广度不尽如人意。同时，政校行企之间“四元协同”参与度不高，校内外资源整合不够，亟须顶层设计和系统规划。

### （三）重视单一导师制，忽视多导师协同培养

学生创新创业能力的培养，指导老师无疑是重要的外部因素之一。目前，虽然一些高职鼓励“双栖型”师资队伍建设，并尝试导师组集体培养模式改革，但在执行过程中，导师组形同虚设，其结果依然是单一导师制。单一导师制难以发挥学科交叉，孕育创新创业思维的作用，与创新创业人才培养的要求差距较大，多导师协同育人机制是解决这一问题的有效途径。

### （四）创业实践资源平台建设滞后，创业孵化落地支撑乏力

由于受经费短缺困扰，我国许多地方高职长期以来对创业实践教学基地、创业类实践竞赛、大学生创业园等建设投入不足，致使创业实践资源平台建设滞后，其后果是制约了学生创业团队入驻地方创业孵化器等活动的开展，创业孵化落地支撑乏力。

## 二、地方行业高职创新创业人才“政校行企”协同培养优势

地方行业特色高职在长期服务行业发展过程中形成了鲜明的行业背景优势。目前，为满足创新创业人才培养的需求，理应将传统优势转化为产学研协同育人优势。其优势主要体现在两方面。

### （一）行业内传统优势学科突出，为“政校行企”协同培养提供科技支撑

地方行业特色高职在其行业领域和某一特定层面具有综合性高职无法比拟的科技和人才资源优势，行业内高水平的专家学者及较强的科技创新实力，赢得了行业内企事业单位的赞许和社会的广泛认同。鲜明的行业特色背景和良好的声誉，使得地方行业特色高职相比其他高职，在“政校行企”协同育人方面比较优势明显。

### （二）行业内校友资源丰富，为“政校行企”协同培养提供人脉支撑

在长期办学过程中，地方行业特色高职培养的各类人才广泛就职于行业内各个单位，其中部分校友已担任各级领导岗位，他们了解行业发展状况，掌握更多社会资源和信息，成了学校与行业内各单位保持联系的纽带，同时也成为学校创新创业人才“政校行企”协同育人的重要人脉资源。这些都是其他综合性高职短期内难以企及的比较优势。

## 三、地方行业高职大学生创新创业人才培养模式构建

为了提升大学生的创新创业能力，充分发挥地方行业特色高职在创新创业人才“多元协同”育人方面的比较优势，构建多元协同的“1+2+3+4”培养模式。

### （一）“1+2+3+4”培养模式的含义

“1+2+3+4”培养模式是指集政校行企多方资源，围绕一个培养目标（以培养创新创业人才为目标），体现两个能力层面（专业实践能力、创新创业能力），组建三个中心（教育中心、指导中心、孵化中心），实现四元协同（校、政、行、企），旨在激发学生创新思维，提高创业能力的一种产学融合培养模式。通过引入校企、校行、校政融合机制，实现培养目标、培养方案、培养过程以及培养评价的全程渗透和多元协同，突出“创新创业能力”培养特色。

### （二）“1+2+3+4”培养模式的实施路径

“1+2+3+4”培养模式的特点是针对地方行业特色高职创新创业人才培养过程中存在的不足，引入“政校行企”协同机制，即通过政府、学校、行业、企业四元协同方式对培养模式的四大要素（培养目标、培养方案、培养过程以及培养评价）进行全程渗透和融合，突出“创新创业能力”培养特色。具体实施路径如下：

（1）开设校企双线交织的创新创业课程体系，解决知识结构优化问题

创新创业人才培养是一个系统工程，需要多方共同参与，具有较强的开放性。面对互联网、大数据、人工智能等信息技术发展以及供给侧结构性改革等经济新常态的挑战，高职应主动适应社会发展变化需要，及时优化培养方案，调整课程体系。一是采用“请进来”和“走出去”的方式，一方面定期邀请行

业专家为师生作本行业发展趋势报告，让师生了解专业发展的前沿动态；另一方面，深入行业、企业、政府相关部门进行广泛调研、深度访谈，了解用人单位的最新需求，引入企业优质资源共建“创新创业导论”“商业模式概论”“项目管理”“创业案例分析”等课程。将跨专业课程以“互联网＋专业类课程”的模式作为创新创业与专业结合的拓展方向嵌入课程体系，全面培养学生的专业基础与创新创业拓展能力。二是校企联合编写由企业专家参与的符合创新创业人才培养的校企一体化教材或产学结合实训指导书，部分实践类课程可直接安排学生到企业学习，有些课程也可聘请政府、行业、企业人员做兼职教师来校独立或与校内教师共同授课，深度参与教学过程实施。

（2）实施“合作导师”制，建立创客导师库，解决创新创业教育师资短缺问题

师资队伍建设是实现人才培养目标的核心。“合作导师”制集校内外多位导师于一组，满足创新创业人才培养对高水平、职业化、实践指导能力强的师资队伍的要求。一方面，选聘企业家、企业高管担任校外导师，形成“企业讲师团”，并通过建立“企业教师工作站”以及合作企业在学校设立办公室的形式，使得“企业讲师团”驻校从事相关培训、开设专题讲座成为常态。同时，企业和行业协会可定期或不定期在校园里举办各种创新创业竞赛，为实践性教学注入新的活力。另一方面，安排学生到校企合作基地顶岗实习，由校内外导师联合指导，校内外导师定期开碰头会，共同研讨实训中遇到的各种问题，并结合实际情况动态调整实训计划。此外，学校可通过政府部门和行业协会广纳人才，成立创客教育导师库，从国内外引入一批热爱创新创业并乐于与学生分享创客经验的超级创客加入导师库成为兼职导师，兼职导师的授课方式不必拘泥于传统面对面的授课模式，可以考虑在线微课、直播等突破地域空间限制的丰富多样的创新性教学模式。通过“合作导师”制和“创客教育导师库”的建立，解决创新创业人才培养的智力支持问题。

（3）注重校企文化融合，点燃大学生创新创业激情

校园文化以学校独特的办学理念、地域文化、历史传统的积淀为特征，企业文化以企业经营和服务理念、制度文化、创新精神、战略目标为特征。无论是校园文化还是企业文化，其“内核”和“灵魂”都是精神文化，物质、行为、制度文化是“载体”和外在表现。两种文化的兼容，主要是将企业的文化精髓融入学校的办学理念和定位中，防止忽视开拓进取精神层面的融合而热衷于物

质、制度、行为文化的对接。一方面，邀请企业家进校园以专题讲座和创新创业沙龙形式现身说法，向学生讲解校园文化如何与企业文化如竞争意识、敬业精神、效率意识有机融合。通过校企文化融合，将企业家的创新创业精神和优秀企业的价值观渗透到学校的校风、学风中，倡导开拓进取的精神。另一方面，学校可成立创新创业社团、在微信公众号上设立专栏等形式，多维度地营造敢为人先、勇于探索、宽容失败的氛围和环境。通过“校、政、行、企”多方协同，借助与政府、行业、企业联合举办各种创新创业大赛的机会，培育创新创业校园文化，点燃大学生创新创业激情。

（4）完善创业孵化服务体系，解决创业实践资源平台问题

脱离实践的创业教育必将是失败的，必须把创业实践作为创新创业教育的核心内容之一。一是模仿企业创业过程与经营环节进行仿真实践，在校内建立创新创业综合实训指导中心，从由各级政府创新创业指导部门、超级创客、优秀企业家等组成的导师库中抽取相关导师，形成专家顾问委员会，采用合作形式指导学生的创新创业活动。二是在校外建设大学生创业园，整合校内外各种资源，构建包括政府层面、高职层面、社会层面三大子体系在内的大学生创业孵化体系和中心，引导学生创业团队入驻地方创业孵化器等创新创业实践平台，实现与具有创业孵化属性的众创空间内外互联互动。三是进一步完善“项目挖掘＋团队遴选＋过程辅导＋引资推动＋入驻经营＋政策服务＋孵化落地＋管理咨询”的创业管理机制。

## 四、“1+2+3+4”多元协同培养模式运行保障措施

### （一）强化组织管理顶层设计

从某种意义上看，无论是内部还是外部的协同培养，大学内部的制度壁垒对多元协同培养的制约都更大。因此，首先，高职应建立开放包容的现代大学制度。学校应密切与社会联系，注重内外互联互动，主动谋求外部合作，积极拓展办学空间，整合各方资源，为创新创业教育创造良好的生态环境。其次，设立创新创业学院。以创新创业学院的设立为契机，构建科学有效的组织管理体系，打破院系、学科、专业之间传统的建制模式，由创新创业学院具体实施创新创业人才培养工作。

## （二）完善沟通协调机制

创新创业人才“1+2+3+4”多元协同培养模式的推进，需要政府、行业、企业多方参与，因此，学校应建立良好的沟通机制，进一步加强与地方政府、行业协会、相关企业的互联互动。其一，强化与政府部门沟通。协同培养过程中，对于一些可能超出大学职能范围的关系，可以请示政府出面进行引导，或者由政府利用资源优势搭建协同创新中心、大学科技园等合作育人平台。其二，强化与行业部门沟通。行业部门既了解行业企业的需求又统领行业企业，因此，可以通过与行业部门的沟通，择优选取具有代表性的行业企业作为创新创业教育实践平台。其三，强化与企业的沟通。通过与企业的沟通，提高彼此的信任度，借鉴企业经营与创业过程，并根据互补性、战略契合性进行模拟仿真，在校内建立创新创业实训中心。

## （三）拓宽融资渠道

创新创业实践教育尤其是创业实践与孵化离不开资金的支持。因此，高职应拓宽创业融资渠道，充分利用各方资源筹措资金，为创新创业教育提供经费保障。一是学校设立创新创业基金，为大学生创新创业提供初始资金支持。二是学校可多方位、多手段推介大学生创业项目，吸引更多诸如天使投资、风险投资等企业关注并提供资金支持创新创业教育。三是利用好政府鼓励大学生创新创业的各项优惠政策，通过财政资金引导社会资本向大学生创业项目投资，多渠道筹措资金，资助大学生创新创业。

## （四）建立弹性学分制

根据创新创业人才培养要求，创新考试及学分制制度，借鉴国内外先进经验，实现“创业学分制”和“弹性学分制”。一方面放宽学生修业年限，允许具备创新创业潜质的学生申请休学创业，学校应当保留处于创业期的学生的学籍。另一方面建立创新创业学分积累与转换制度。对休学创业后回校继续学习的学生，其之前以及创业过程中取得的创新创业学分可累计计算，对其毕业实习、毕业论文可采用“转换制”进行考核。具体做法包括以下几种：（1）用“创业证明”替代“毕业实习证明”。创业证明须由工商部门或者创业团队出具，凭此不仅可申请创新创业学分，而且可免于毕业实习；（2）用创业期间完成的“研究报告、策划方案等”替代“毕业论文”。研究报告及策划方案主要是指创立企业的可行性研究报告、招标投标方案以及生产产品的市场推广计划或调研报告等，凭此可申请获取毕业论文学分。

### （五）建立科学的考评制度并严格执行

应构建有利于学生创新创业能力培养的评价体系并严格执行。一是强化导师遴选和动态管理。一方面制定科学合理的导师遴选制度，把好合作导师“进口”关，使胜任能力和责任心“双强”的优秀导师脱颖而出，并吸收进入导师组。另一方面严格考评制度，实施“退出”机制，把好合作导师“出口”关。制定考评奖惩制度，明确导师的岗位职责，并定期考核，对难以胜任创新创业教育、未能履行岗位职责的导师实施淘汰制，保障导师队伍的动态管理。二是实行学业成绩考核和评价方式的多元化。强化考查学生的创新精神和实践应用能力，改变单一的学业成绩考核方式，注重对学生在创业过程中的评价，不以创业成功与否作为最终的评价结果，主要以学生在创业实践中的体验作为其考核、评价的重要基点，并设置权重在学生评奖评优环节予以适当体现。

### （六）落实激励机制

一是加大对创新创业教育专项经费投入，并采取多项措施，提高创新创业专项资金使用效益。二是鼓励胜任能力和责任心“双强”的专业教师结对指导学生创业团队。学校应认定老师工作量，并在聘期考核、职称晋升、评优评奖环节作为重要业绩予以考虑，从制度的设置上鼓励专业教师参与创新创业教育，并贯彻落实到位。三是对开展创新创业教育成效显著的二级院部予以表彰，并在后续课题研究的立项、相关专项经费的核拨等方面予以适当倾斜。

## 第四节　多元智能视角下专业教育与创新创业教育协同发展

高职在大力推进大创教育的过程中，也出现了一些缺失，主要体现在以下三个方面：一是专业教育模式仍沿着过去的惯性继续前行，没有顺应形势变化进行改革，或者改革的力度不能满足形势的要求；二是一些大创教育研究者忽视了传统专业教育对创新能力培养的作用；三是部分大创教育实践者另起炉灶，脱离专业教育开展大创教育。由此在专业教育和大创教育之间，存在一定的脱节，未能实现有效的协同，影响了两方面的教育教学效果。

出现这些问题的原因是复杂的，解决这些问题也需要综合治理。本节基于多元智能理论的教育学启示，分析了专业教育的多元化教学模式、大创教育的多维度训练模式，提出了专业教育和大创教育协同的路径和方法，并在教育教学活动中进行了实践。

## 一、多元智能理论的教育学启示

加德纳（Howard Gardner）的多元智能理论在当前美国教育教学改革中产生了广泛的积极影响，已经成为许多西方国家20世纪90年代以来教育教学改革的重要指导思想。在我国的基础教育中，多元智能理论得到了高度的重视，近年来进行了大量的应用研究，取得了丰硕的成果，但是在高等教育界则研究得较少。实际上，多元智能理论对高等教育的改革，也具有积极的启示作用。

### （一）多元智能理论的基本内涵

加德纳的多元智能理论，主要有以下四个方面的含义：

第一，每一个个体的智力都具有自己的特点和独特的表现形式。在加德纳的多元智能理论看来，作为个体，每个人都同时拥有相对独立的八种智力，而这八种智力在每个人身上以不同方式、不同程度的组合使得每个人的智力各具特点，同样具有较高智力的人，可能是一名作家、一名数学家，也可能是一名运动员，等等。

第二，智力强调的是个体解决实际问题的能力和生产、创造出社会需要的有效产品的能力，智力应该强调两个方面的能力，一个方面的能力是解决实际问题的能力，另一个方面的能力是生产及创造出社会需要的有效产品的能力。

第三，个体智力的发展方向和程度受到环境、教育的影响和制约，尽管各种环境和教育条件下的人们身上都存在着八种智力，但不同环境和教育条件下人们智力的发展方向和程度有着明显的区别。

第四，多元智能理论重视的是多维地看待智力问题的方法，承认智力是由同样重要的多种能力而不是由一两种核心能力构成，承认各种智力是多维度地、相对独立地表现出来而不是以整合的方式表现出来。

### （二）多元智能理论的教育学启示

在加德纳提出多元智能理论之后，各国学者主要是教育家从不同的角度对其进行了延伸研究，其中也包括一些分歧和争议。一般来说，能够获得普遍认同的多元智能理论的教育学启示包括以下三个方面：

（1）人的智能是多元的

人的智能是多元的，或者说人的能力是多维度的。虽然不同维度的能力之间存在耦合关系，很难将不同的能力截然分开，不同的学者可能有不同的维度分类方法，但是可以将人的能力分成不同的维度进行研究。

（2）能力既是先天性的又是后天性的

同一个个体的不同维度的能力存在差异；不同个体某一个维度的能力也存在差异。这种差异，既有先天的因素，又有后天的因素。先天因素具有决定性的影响，后天因素可以一定程度上加以改变。

由于个体在不同维度的能力存在差异，因此需要因材施教，以充分发挥不同学生的能力特长，提高教育的效果；由于不同维度的能力都是可以后天培养的，因此在教育活动中，要注重多维度提升学生的能力。

（3）能力的后天性成长是非线性的

能力的训练成长曲线具有普遍意义，大量的研究结果表明，对任何能力进行指标量化测量，都能够得到形状相似的训练成长曲线。虽然不同的能力训练可能得到的曲线并不完全相同，形状可能更为复杂，会出现多个拐点，但是基本趋势是相同的。

能力成长曲线具有两方面的指导意义。一是特殊专门人才的选拔方面，由于能力的极限值训练之前或训练初期是不可知的，但是极限值与初值、初始上升速度正相关，可以根据初值、初始上升速度来预测、估计极限值，以此作为某一方面特殊专门人才的选拔依据。二是在教育科学方面，首先是确认能力可以通过训练得到成长，其次是能力训练存在效率问题，必须根据能力需求进行适当训练，充分利用能力训练初期成长较快的特点，兼顾能力成长值与训练效率之间的平衡。

## 二、多元智能视角下的专业教育改革

专业教育的基本任务有两个，一是传授学生必要的专业知识，二是培养学生专业知识的应用能力。这两个任务是相互耦合的，传授知识的过程中培养了学生的能力，培养能力的过程中也让学生获得了知识，一般无法将两个任务的完成过程截然分开。专业知识的应用能力，即是利用专业知识分析问题、解决问题的能力，按加德纳的观点，就是“智能”，按一般创新能力的定义，就是创新能力。

根据我们对学生的问卷调查，学生在第一课堂学习所花的时间（包括课外完成作业时间），占学生实际有效学习时间的比例平均高达 90%，因此第一课堂（专业教育教学活动），应发挥创新创业能力培养的主渠道作用。我院各专业课程的理论教学环节与实践教学环节，学时比例平均约为 3.2 ∶ 1. 因此在专业课教育教学活动中，理论课教学应发挥创新能力培养的主导作用。

为提高学生的创新能力，并在提升创新能力的基础上培养学生的创业能力，应主要立足于专业教育的改革，特别是专业教育中理论课教学的改革。通过改革专业教育的教学模式，提升专业教育对创新能力的培养效果。

从多元智能理论的角度看，要想提高学生的能力，必须因材施教。但是针对每一个具体学生来因材施教，对于现有教育是不现实的。首先，教师的人数达不到，不可能每一个教师仅针对某个或某几个学生进行教学活动；其次，教师的能力达不到，很难要求所有专业课教师都是心理学、教育学方面的专家，或者具备因材施教所需的教育科学方面的知识和能力。但是可以将专业教育的教学活动分成几种不同的模式，让学生根据自己的特长从不同的教学模式中获取知识或提升能力，同时通过不同的教学模式，从不同的维度训练、提升学生的能力，以此达到因材施教的效果。常用的教学模式有以下几种：

### （一）课堂教学模式

教师讲、学生听的课堂教学模式，是经典的教学模式，也是最为有效的教学模式，过去和现在都是主流的教学模式，在可预见的将来仍然会是主流教学模式。首先，这种教学模式，学生主要利用语言感知能力来获取知识，虽然不同学生个体的语言感知能力存在差异，但是在人的各种能力中，语言感知能力是相对比较强的，因此这种教学模式对所有学生都存在相对较好的教学效果。其次，这种教学模式比较容易实现，基本上有黑板、粉笔或类似电子产品就可开展教学活动。最后，是适用范围广，绝大多数教学内容都可以采用这种教学方式。

### （二）多媒体教学模式

多媒体教学模式，是针对特定的教学内容，以模型、三维动画等方式呈现教学内容的教学模式。这种教学模式，学生主要利用音乐、空间智能来获取知识，可以作为一种独立的教学模式，也可以不作为一种独立的教学模式，而是作为课堂教学模式的辅助手段。多媒体教学模式存在一定的适用范围，有些教学内容不适合采用，或者采用的意义不大。

### （三）互动教学模式

在互动教学模式中，学生主要利用人际关系智能来获取知识。从对象上来说有师生之间的互动和学生之间的互动，从互动的时间来分有课上、课下的互动，从互动的空间来分有真实空间的互动和网络空间的互动。互动教学模式可以发挥并提升学生的沟通交流能力。

### （四）实践教学模式

实践教学模式也是目前广为采用的教学模式，学生主要利用身体运动智能来获取知识。实践教学模式从空间上来说，也分为计算机仿真实验（含网络虚拟实验）和真实实验两种方式。两种方式涉及的智能类别可能有所区别，但是都对获取知识、提升能力具有重要的作用。

上述各种教学模式，通常不是单独存在的，不是单独起作用，需要相互协同。专业教育的改革，就是要针对具体的教学内容，设计不同的教学模式之间的整合与互动，从而最大限度地让学生发挥自己的能力特长来获取知识，同时通过不同的教学模式对学生相应的能力进行训练。知识的学习过程和知识的应用过程，通常是融合在一起的，比如学生做一道习题，在增强对知识的理解、记忆的同时，也训练了对知识的应用能力，训练了利用知识分析问题、解决问题的能力。任何一种教学模式都有其长处也有其不足，针对具体课程或具体教学内容注重某种适宜的教学模式是可取的，但是整个专业教育如果偏重任何一种教学模式，都会造成“营养不良”，不利于发挥学生多元智能的特长，不利于训练学生的多元智能。只有不同教育教学模式的合理整合和互动，才能实现多元智能的利用和训练的最优化，才能通过专业教育有效地提升大学生的创新创业能力。

## 三、多元智能视角下大创教育的实施

近年来我国各高职掀起的大创教育热潮，大多以两种形式开展大学生的创新创业教育，一种是开设专门的创新创业课程，另一种是开展各种课外创新创业学习活动。无论是从创新创业课程与专业课程的学时数比较来看，还是从学生在第一课堂和第二课堂所能花费的学习时间比例来看，大创教育都应该以专业教育为基础，作为专业教育的必要补充，并对专业教育进行有意义的延伸。

### （一）创新创业教育的内涵

如前所述，专业教育本身就是以培养学生分析问题、解决问题的能力作为主要任务，从这个意义上说，专业教育本身就是创新创业教育，并且是创新创业教育的主渠道。我国学界赋予了创新创业教育特定的含义，以区分传统的专业教育，主要是为了强调创新创业教育的特点。

创新教育就是通过教学活动来培养学生的创新能力，增强学生创造新的、有用的思维产品的能力。对创新教育的理解，既要考虑创新教育的历史和已经形成的理念，又要考虑到创新教育已有的积累和将来的发展。创新教育既是一种反映时代需要的新的教育理念，也是一系列“为创新而教”的教育教学活动。从整个社会层面来看，凡是以培养人的创新思维、创新素质和创新能力为主要目的的教育都可以被称为创新教育。

创业教育是培养人的创业意识、创业思维、创业技能等各种创业素质，并最终使被教育者具有一定的创业能力的教育。创业教育并不等于创建企业的教育。创业首先不能仅仅被当作一种纯粹的、以营利为目的的商业活动，而是渗透于人们生活中的一种思维方式和行为模式。创业活动要求大学生具备自主、自信、勤奋、坚毅、果敢、诚信等品格与创新精神，要求大学培养未来创业者与领导者的成就动机、开拓精神、分析问题与解决问题的能力。创业教育的宗旨在于培养学生的创业技能与开拓精神，以适应经济全球化的挑战，并将创业作为未来职业的一种选择，转变就业观念。创业教育不仅传授关于创业的知识与能力，更重要的是，要让学生学会像企业家一样去思考。也就是说，创业教育有两层目标：第一层目标，创业教育的主要任务是培养大学生的进取、开拓精神，使所有大学生成为高素质创新人才。这种精神是做任何事都必须具备的，所以即便没有创业意向的学生，也应该积极接受创业教育。第二层目标，培养学生形成创业所必需的领导力，包括商业谈判技巧、市场评估与预测、启动资金募集方式、新创企业申办、新创企业的风险防范和战略管理等，并使学生具备关于金融、财务、人事、市场、法规等方面的基本知识，从而推动大学生自主创业。

创新创业教育作为我国提出的一种新的教育理念，并不是创新教育与创业教育的简单叠加，而是在理念和内容上实现了对创新教育或创业教育的超越。在理解创新创业教育时，有的研究者将创新与创业割裂开来，偏离了创新创业教育的内涵。创新创业教育不是两个概念的交集，而是一个新的完整的概念。

创新创业教育的核心是培养大学生创新精神、创业意识和创业能力，引导高等学校不断更新教育观念、改革人才培养模式、教育内容和教学方法，将人才培养、科学研究、社会服务紧密结合，实现从注重知识传授向更加重视能力和素质培养的转变，提高人才培养质量。在创新创业教育中，创新与创业相互作用、相互影响、贯穿始终，共同构成了创新创业教育的核心。

### （二）大学教育应密切联系专业教育

跨专业成才在历史和现实当中都是存在的，但毕竟是小概率事件，这些小概率事件的社会影响和社会价值有可能非常大。高等教育显然不能追求小概率事件，而应以培养本专业高素质的建设人才为目标，因此高职的大创课程和大创活动，应以专业教育为导向，紧密围绕专业教育开展。

（1）大学教育应面向专业所需的能力

从多元智能的角度看，不同的专业需要的能力存在差异，大创教育应基于专业特点开设课程、开展活动，通过大创课程和活动，强化训练专业发展所需的专项能力。由于能力的耦合性，很难严格界定专业所需的专项能力，也很难明确区分一般性能力和专项能力，通常只能了解专业所强调的能力维度和一般训练方法。大创教育可以发挥灵活的特点，开展丰富多彩的教育教学活动，在训练学生创新创业一般性能力的基础上，着重强化专业所需的专项能力。

（2）大学教育应密切结合专业内容

由于电子设计类、计算机类、机器人类的竞赛比较容易开展，并且关联的专业又非常广泛，目前有影响的创新创业竞赛基本上都为这几类竞赛。在竞赛效应的驱动下，一些学生甚至是创新创业教育者的意识中形成一种误区，好像创新创业教育的主要内容，就是进行几种竞赛方面的培训。我们从教育部 2016 年发布的高职排名前 10 名高职中随机选取 3 所高职，对其网上公布的 2017 年大学生创新创业训练项目进行分类，3 所高职的项目中，电子设计、计算机、机器人等类的项目占全部项目的比例分别为 52.3%、56.4%、58.9%，而专业相关的创新创业项目占比则相对较小。

这些竞赛通常不要求掌握原理、算法，比如，机器人设计大赛的竞赛规则明确要求不能涉及算法。竞赛内容与多数参赛学生所学的专业关联度不大，既不用掌握原理又不用设计算法，仅需要会实现，这类竞赛当然有其存在的价值和意义，但是作为面向大创教育的方向显然不合适。大学生创新创业训练项目应该结合专业知识设计选题，其他大创教育教学活动也应该密切结合专业实际，利用不同形式的大创教育教学活动，培养学生的专业兴趣，将专业科研创新能力和创新创业能力的培养相融合。

### （三）大学教育应作为专业教育的延伸

在现有的专业教育体系中，受学时数的制约，确实在对学生的创新创业能力培养方面存在一些薄弱环节，特别是在创业教育方面。大创教育应设法补齐专业教育的短板，成为专业教育的延伸。这主要包括以下几个方面：

（1）开设具有专业特色的创业基础课程

2012 年 8 月，教育部办公厅印发《普通本科学校创业教育教学基本要求(试行)》的通知，指出“高等学校应创造条件，面向全体学生单独开设创业基础必修课”；同步还印发了《“创业基础”教学大纲(试行)》。开设创业基础课程时，要以教育部的教学大纲为基础，融入专业元素，增加专业相关案例，通过创业基础教育教学活动，弥补专业课教育在创业教育方面的不足。根据教育部的文件精神，近年来我们陆续开出了具有专业特点的“大学生创新基础”和“大学生创业基础”课程，作为实现专业教育与大创教育耦合的一个路径。

（2）与企业协作开展协同创新活动

与专业相关的企业协作，聘请企业家或企业科技人员作为创新创业指导教师，以企业的真实课题作为大学生创新创业训练项目的课题，加强大学生与企业家、企业科技人员之间的互动协作，开展大学生与企业之间的协同创新教育教学活动，增强学生的专业兴趣，着重培养学生的“岗位创业”意识。

（3）开展多元化的课外创新创业活动

实施“大学生创新创业训练项目”，应注重以专业科研前沿相关的研究内容作为训练项目的课题，结合开设创新思维选修课程、举办各种形式的讲座，增强学生的创新意识。开展与专业相关的创新竞赛，开设创客空间，举办创客沙龙，等等，利用丰富多彩的课外创新创业活动，多元化训练学生与专业相关的创新创业能力。

学生在专业课程上所花的时间，占可用学习时间的绝对多数，专业教育要发挥创新能力培养的主渠道作用，要将创新创业教育融入专业教育的全过程。在专业教育中进行多种教学模式的整合，让具有不同能力特长的学生能够从不同的教学模式中获取知识，同时利用不同的教学模式训练学生不同的能力。大创教育要融入专业元素，结合专业科研内容开展创新创业活动，利用丰富多彩的课外创新创业活动，补齐专业教育在创新创业教育方面的短板，延伸、发展专业相关的创新创业教育，利用多元的活动从多维度强化学生的能力。

自2013年以来，我院按照上述模式进行专业教育改革、开展大创教育，取得了良好的效果。我院2017—2018学年，立项的院级大创项目共90项，其中71项是专业相关的课题，占比约79%。2016级、2017级参与大创项目的学生，占全年级学生人数的比例达90%以上，基本上接近全员参与。大量的专业相关的大创项目和大创教育活动，密切了师生在专业方面的交流，起到了与专业教育相辅相成的作用。几年来的教育实践表明，专业教育与大创教育协同的模式，受到了学生的广泛认同，大创教育与专业教育的协同，达到了“1+1 > 2”的教育教学效果。

## 第五节　协同创新视角下高职创新创业项目

在政府政策推动与高职支持的“大众创新、万众创业”新浪潮下，大学生参加创新创业项目已成为培养自身创新意识、提高创新能力的主要实践形式，同时其对高职创新教育建设、区域经济发展以及产业结构优化升级具有重要意义。本节针对创新创业项目实践中所遇到的市场信息不对称、创业项目资源整合能力较低、创业人才缺乏多元视角等问题，从协同创新的视角来看，高职需在企业合作、组织机构与学科交流三个维度考虑对策，通过信息、资源、人才等多元协同的方式推动创新创业项目的持续发展。

近几年来，高职创新创业教育作为国家创新驱动发展战略中创新人才培养的关键环节，得到了政府政策的高度支持，并在产学研协同创新理论研究中摸索出了一条以创新创业项目为核心的创新实践培养之路。高职希望通过鼓励大学生参与创新创业项目，激发学生的创新意识、培养并提高学生的创新能力，加速高职科技成果转化，进一步激发市场活力与社会创造力，推动区域经济发展。因此，积极参与创新创业项目，提高创新创业项目质量是国家提高科技创新与产业发展能力、实现充分就业和经济持续发展的重要保障。

## 一、协同创新视角下对于创新创业项目的问题分析

由于政府政策的全面支持贯彻以及高职主导的创新创业教育的推进，高职创新创业项目的主要实践人群集中在大学的本科生、研究生，主要通过创新学科竞赛的方式参与创新创业项目，并在政策扶持与高职助推下进入市场实践创业。从总体上看，我国高职参加创新创业项目的主要形式是技术创新与商业模式创新。2017 年“互联网 +”大学生创新创业数据显示，技术创新占比 18%，商业模式占比 82%，可见现阶段大学生参与创新创业项目的总体趋势偏向于商业模式创新。

协同创新的本质是在利益一致性与目标共同性的前提下创新主体通过机制性互动将各种创新资源协同整合。从而带来价值增加与价值创造的协作行为。从协同创新的视角下，在政府政策对创新主体与创新项目全面扶持的宏观环境中，可以从企业、高职与学生这三个维度中找到问题的根源。

（1）企业与高职之间缺乏共同目标协同性，市场信息不对称。目前我国学者对于产学研协同创新的一系列研究显示，企业作为将技术快速产业化与商业化、以盈利为导向的产学研协同创新中的重要组成部分，其具备的资源在于拥有丰富的资金储备、研发设备、市场信息与营销经验，也应该是创新创业项目走向市场的重要桥梁之一。

从企业方面看，企业需要引进高新技术以拓展市场，增加营收，在互联网经济高速发展的背景下，更加迫切需要缩短科技成果转化周期并增加技术迭代的频率；从高职方面看，创新创业项目是科技成果转化的市场表现，也是培养学生将科技成果与市场需求融合的综合能力，因此高职除了需要从企业中获得利益之外，还需要获得丰富的市场信息与动态的市场发展趋势，将其投入对于学生的创新创业教育与创新创业项目扶持之中。

因此，在企业与高职合作缺乏共同目标协同性的情况下，企业将缺乏市场性的科研成果直接送到生产线，大大增加了转化成本，同时高职的创新创业教育难以得到全面的市场信息，导致学校孵化的创新创业项目存在与市场需求联系不紧密、脱离市场等一系列问题。技术创新类项目缺乏具有市场导向的需求分析，研发产品难以赢得消费者；商业模式创新无法通过市场信息分析竞争要素，在市场上难以获得竞争力。企业与学校双方市场信息不对称，致使学校不

能高效地联动企业，不能实现将企业所具有的市场实践与高职的专业知识教育有效对接，无法实现高职中创新创业项目的实践性与市场性。

（2）高职与学生之间缺乏内部机制协同性，创业项目资源整合能力较低。大学生作为创新主体尚且缺乏市场敏锐性、社会实践性与资源整合能力，所以高职是将创新主体向潜在创业者转变的引路者，肩负着培养具有新时代特色的创新型复合人才的使命。从目前高职组织大学生参与的创新创业项目来看，存在组织松散低效这一问题，主要表现在高职的院系之间、职能部门之间缺少内部机制的协同性。

由于高职的院系之间存在着潜在的利益博弈，在创新学科竞赛中都作为独立的利益主体进行专业领域的研发，却忽略了创新创业项目本身复合多元的特性。技术创新类项目缺乏系统的市场需求分析、营销战略管理以及推动项目持续运营的盈利模式，商业模式创新类项目缺乏技术壁垒、完整稳定的程序后台，这正是院系独立研发运行项目时产生的问题。

而在高职职能部门的运营中，多头管理的模式是高职内部组织缺乏机制协同性的突出反映。大学生的创新创业教育属于高职教务部门管理，创新创业科研竞赛由校共青团委员会负责，而科技成果转化、大学科技园区的服务管理由高职学生处负责。因此，多头管理的高职创新创业项目管理模式造成了高职内部组织的混乱与松散，无法形成“聚合力”，更无法提供真正切实有效的创新资源。

（3）学生与学生之间缺乏价值需求协同性，创业人才缺乏多元视角。学生作为创新创业项目的主体，其主观能动性极大程度上决定了项目的成败。在院系独立利益主体博弈的背景下，为了创新创业项目更好地推进，学生产生了学科间知识相互借鉴的协同需求，在此基础上，能够认可跨学科、跨知识层面的价值，拥有合作的共识，做到价值需求的协同，才能满足独立学科之间的合作交流，使创业团队变得多元。

但是现实中学生与学生之间正是缺乏这种价值需求协同性，一是因为缺少交流平台，高职中大学生的交流平台以社团、学生会为主，是以兴趣与职能作为交流介质，而以创新驱动的交流平台仅限于高职组织的创新创业教育活动，学生之间缺乏互动了解能力的机会。二是知识体系差异造成的创新思维差异，现阶段技术创新类项目以光电、能动、机械等理工科专业为主导，而商业模式创新类项目是以管理、经济等商科专业为主，所以在不同知识体系下的学生思维模式存在差异，在交流互动中存在差异性，造成不便。三是学科间的认可度较低，大多数学生仍是处于以自我为中心导向阶段，在创业团队中的认可、尊重与融合仍是一个需要摸索的过程。因此，创业团队中难免会出现单一优势学科突出而创业模式不完善的局面，创业人才缺乏多元性的背景下也很难产生具有可持续发展能力的创新创业项目。

## 二、多元协同创新对有效推进创新创业项目的对策

（1）战略协同，高职深化企业合作。战略协同意味着企业与高职在价值取向协同的基础上实现双方共同利益最大化，由于企业需要引进高新技术、高职需要企业的市场信息、资源渠道的帮助，双方需要通过战略协同的方式，构建交流网络，提高信息协同的效率，加速优势资源的互动，从而推动创新创业项目发展。

作为企业与高职紧密交流与合作的平台，科技园应该降低准入标准，开放对象不应该仅限于已成立公司的初创型企业，还应该面向具有一定潜力的创新创业项目。创新创业项目入驻科技园区，使企业融入科技成果转化研究过程，减少转化成本，同时高职可以实现对学生与项目从校园到社会市场的实践培养，在此过程中，项目本身可以在信息协同网络中不断更新产品，探索可以引领市场需求的商业模式，实现创新创业项目的落地。

高职创新创业项目的借鉴方向不能局限于校友创业、高职合作的制造业、服务业、文化创意类等企业，还应该为创新创业项目寻求多元视角。通过与投资、咨询类企业合作，可以得到更多的项目盈利潜质、创新前景与未来发展方向方面的指导，从而焕发创新创业项目新活力。

（2）组织协同，高职组织机构的系统整合。组织协同是指高职院系的交流合作平台与职能部门协同机制的建立。组织协同是高职内部协调整合的必由之路，是加强高职资源整合能力，做好创新创业项目后勤保障服务，提高高职整体创新水平的重要基石。

在院系交流平台的建立上，高职应树立协同创新的意识，鼓励院系交流分享学科优势资源，主动提倡优势互补的内部合作，努力促成跨学科、跨院系的协作创新要素整合，提高创新创业项目的综合质量。高职职能部门同样需要建立内部资源共享与协作机制，为创新创业项目的各个阶段提供服务与支持，在

具体的实施阶段之初，高职可以提供科技成果转化的市场前景、应用场景等方面的指导；项目中期为学生提供申请发明专利和实用新型专利的快捷通道；项目末期帮助创新创业项目进行孵化，保障项目的持续运营。通过高职内部组织协同构建的合作交流平台，能够高效整合资源，共同为创新创业项目提供服务与支持。

（3）知识协同，高职提供学科交流促进人才培养。知识协同是不同学科间知识体系、思维方式的相互渗透与融合，从而产生创新性知识的阶段。在鼓励院系间合作的大背景下，应该关注学科交流，关注学生的多元培养。交叉学科的创新人才培养是知识协同在创新创业教育中的表现形式，也是培养具有新时代特色的复合人才的重要方向，在交叉学科培养方式中使创新主体拥有跨学科的专业知识及多元化的思维视角。

学科交流的主要培养目的是希望在创新人才学习多元学科优势知识的背景下，拥有完整的商业逻辑，加速创业团队的内部融合与沟通。在创新创业项目的实践过程中，使技术创新人才在了解市场需求与痛点的同时将市场信息融入技术更新产品升级的战略中，也可以使商业模式创新人才将人性化、智能化的品牌营销策略贯穿至互联网终端的使用性能中，所以学科交流是通过学习多元学科知识，培养创新主体的多元视角探索市场，从而创造出兼具技术与商业模式创新的高质量创新创业项目，推动传统产业结构的优化升级。

# 参考文献

[1] 李小梅, 李伟 . 高职院校“一村多名大学生”创新创业教育体系的构建 [J]. 现代农业科技 ,2024,(7):213-216.

[2] 李志斌 , 徐娅丹 , 何带桂 . 基于“前孵化器”的高职创新创业教育实践体系研究 [J]. 创新创业理论研究与实践 ,2024,7(1):192-194+198.

[3] 杜丹 , 林青 , 杨荟卉 . 乡村振兴背景下高职院校创新创业教育体系的构建研究 [J]. 智慧农业导刊 ,2024,4(1):159-162.

[4] 党建民 . 职业教育体系建设背景下高职院校专业教育与创新创业教育深度融合探析 [J]. 现代职业教育 ,2023,(34):5-8.

[5] 王小金 , 柯婵 , 李静怡 , 等 . 创新创业背景下高职创客教育体系的构建 [J]. 中国教育技术装备 ,2023,(15):140-142+149.

[6] 贾国军 , 郭杰 , 孙玉婧 , 等 . 新形势下高职院校学生创新创业教育体系研究 [J]. 创新创业理论研究与实践 ,2023,6(14):6-9.

[7] 巫富明 . 高职创新创业教育体系构建的逻辑主线、实践困境与实施路径 [J]. 潍坊工程职业学院学报 ,2023,36(4):33-37.

[8] 庞波 , 詹先明 , 王利 , 等 . 高职院校“三级进阶 , 两课双线”创新创业教育体系构建与运行 [J]. 安徽商贸职业技术学院学报 ,2023,22(2):71-76.

[9] 张红东 , 王安妮 , 于玲 . 林业类高职院校创新创业教育评价指标体系研究 [J]. 教育科学论坛 ,2023,(15):68-73.

[10] 师乐 , 胡平 . “大思政”理念下高职院校创新创业教育生态体系构建研究 [J]. 职教通讯 ,2023,(5):65-71.

[11] 刘嘉慧 . 创新创业教育背景下高职院校创新教育机制研究 [J]. 现代商贸工业 ,2023,44(11):134-136.

[12] 吕雯 . 关于高职创新创业教育赋能乡村振兴的思考 : 评《高职创新创

业教育五育体系研究与实践》[J]. 中国高职科技 ,2023,(Z1):132.

[13] 韩秀枝 , 曹源 , 詹跃勇 , 等 . 高职院校“三阶三融四贯穿”创新创业教育课程体系研究 [J]. 现代商贸工业 ,2023,44(3):113-115.

[14] 李美华 , 冯瑞华 . 健康产业发展背景下高职院校创新创业教育体系的研究与实践 : 以福建卫生职业技术学院为例 [J]. 卫生职业教育 ,2022,40(23):1-4.

[15] 王赟 , 地方高职院校创新创业教育体系创新与实践——以苏州市职业大学为例 [J]. 创新创业理论研究与实践 ,2022,5(22):62-65.

[16] 叶秋美 , 秦艳红 .“三全育人”视野下高职院校创新创业教育体系构建 [J]. 中国成人教育 ,2022,(21):31-34.

[17] 庞波 , 高职创新创业与现代学徒制教育协同发展机制的构建 : 评《高职创新创业教育“五育”体系研究与实践》[J]. 中国教育学刊 ,2022,(11):138.

[18] 倪晓添 , 霍震 , 张璐斯 . 继续教育背景下高职学生创新创业教育体系的构建与实践 [J]. 创新创业理论研究与实践 ,2022,5(18):92-95.

[19] 吴晶 , 易杨 . 基于供给侧结构性改革中高职学生创新创业教育体系研究 [J]. 就业与保障 ,2022,(9):34-36.

[20] 陈剑波 . 工匠精神引领下高职学生创新创业能力培养研究与实践 [J]. 职业技术 ,2022,21(10):68-73.

[21] 陈树秋 . 高职院校创新创业教育质量评价体系研究 [D]. 长江大学 ,2021.

[22] 胡春亮 . 工匠精神融入高职学生创新能力培养研究 [M]. 百花洲文艺出版社 :2020.

[23] 罗明 . 高职院校“嵌入式”创新创业教育课程体系研究 [D]. 江西科技师范大学 ,2018.

[24] 王运转 . 经济新常态背景下湖北省高职院校创新创业教育体系研究 [D]. 湖北工业大学 ,2018.

[25] 王春阳 . 大学生创新创业教育体系研究 [D]. 华北电力大学 ( 北京 ),2018.

[26] 郭如 . 高职院校创新创业教育评价指标体系研究 [D]. 天津职业技术师范大学 ,2018.